경산 잡문집, 백세를 바라보며

인문학은 행복학이다

사재동 지음

인문학은 행복학이다

▶ 서문

평생을 되돌아보면서

　그것은 내 생애에 가장 큰 충격이었다. 구십 평생을 되돌아 참회하면서 여생을 진실하고 착하게 살라는 경고였다. 치명적인 병고였는데, 기적같이 살아나 기도·정진으로 재활하게 되었다.
　덤으로 주어진 인생, 이제는 허공 같은 한 생명, 진리 세계를 호흡·명상하면서 아름답고 감명 깊은 시 세계에 살고 싶었다.
　그래서 불법·진리를 표현한 명구를 염주처럼 꿰어 〈유심안락도〉를 만들고, 매일 새벽 기도에서 염송하였다. 그리고 가장 크고 넓은 경전, 가장 심오한 진리를 가장 문학적으로 집대성한 『화엄경』(80권)을 3번이나 읽으면서, 그 가운데 '허공'의 실상과 의미·기능에 주목하였다.

　그 우주 법계가 허공과 같다. 허공이다.
　그 화엄 세계는 허공과 같다. 허공이다.
　그 생명·진리의 세계는 허공과 같다. 허공 세계다.

　전편에 걸친 허공의 찬탄·비유가 장엄·청정한 시 세계를 이루었기 때문이다. 그런데도 허공에 들어가, 허공을 호흡하면서 그렇게 파고들어도 여전히 허공으로 청정할 뿐이다.

실로 허공은 불가사의한 권능, 청정법신인가. 그래서 그 경문 중에서 '허공'을 찬탄·비유한 산문 문구와 게송을 차근차근히 다 뽑아 보았다. 그리고 이미 소장한 시집과 주변의 시집을 손닿는 대로 모아 읽었다. 재미있고 감명 깊다. 시 세계는 정말 아름답고 행복하다.

그러다 보니 가까운 시인들의 직·간접의 격려로 나도 시를 써 보자는 생각이 들었다. 이에 구십 평생을 되돌아, 기억나는 일들, 잊지 못할 일들이 떠올라 마음 내키는 대로 요약하여 적어 보았다. 그리고 《중도문학》에 「경산 소시집」으로 공개·평가도 받았다.

이에 위 『유심안락도』와 『화엄경』의 '허공'초를 시적으로 의역하고, 이른바 시라고 쓴 잡문을 보태서 『경산 잡문집』이라고 낸다. 표제로는 감히 "인문학은 행복학이다"라 내세운다. 내 평생의 체험이기 때문이다. 시인도 아닌 내가 저명한 평론가의 은근한 권유에 힘입어, 이만한 만용을 부리니 망백의 나이에 정말 불안하고 부끄럽다. 다만 쓰고 싶었을 뿐이다.

어쨌든지 부족한 사람을 문인으로 인정하고, 이 잡문집의 해설·덕담까지 붙여 간행해 주신 후덕한 평론가 리헌석 회장님께 진심으로 감사한다.

2025년 9월 10일
사 재 동 근지

목차

서문 ·· 4

I 믿음의 세월

1. 유심안락도송(遊心安樂道頌) ······················· 11
2. 화엄경 '허공' 초송(華嚴經 '虛空' 抄頌) ········ 17

II 잡문을 쓰면서

1. 시라고 지으면서

나는 시인이 아니다 ································ 148
쑥떡 ··· 149
시에 대하여 ·· 150
자연으로 ··· 151

2. 허공에 살면서

허공 I ··· 153
허공 II ·· 155
허공 III ··· 156
허공 IV ··· 157

허공Ⅴ ………………………………………………… 158
허공Ⅵ ………………………………………………… 159

3. 생애의 단상

아버지 ………………………………………………… 162
어머니 ………………………………………………… 164
상추쌈 ………………………………………………… 165
소꿉장난 ……………………………………………… 166
운명Ⅰ ………………………………………………… 169
운명Ⅱ ………………………………………………… 172
그 어린 서원 ………………………………………… 175
선생님 ………………………………………………… 178
진실행 ………………………………………………… 180
그대에게 ……………………………………………… 182
당신은 ………………………………………………… 184
우리 부부 ……………………………………………… 185
바쁜 세월 ……………………………………………… 187
사랑과 공부 …………………………………………… 190
둘이 찍은 사진 ……………………………………… 194
어떤 이별 ……………………………………………… 195
어려운 나날들 ………………………………………… 197
어떤 축사 ……………………………………………… 200

7

4. 학문하는 가운데

인문학자 ··· 203
원고지와 연필 ································· 204
인문학은 행복학이다 ························ 206
삼국유사 ··· 208
보현십원가 ······································ 210
훈민정음 Ⅰ ······································ 212
훈민정음 Ⅱ ····································· 215
월인천강지곡 ··································· 217
석보상절 ··· 220
월인석보 ··· 223
국문소설 ··· 226
국문희곡 ··· 228
국문수필 ··· 231
내방 가사 ······································· 234
구운몽 ·· 235
한강이 흐른다 ································· 237

5. 기도하는 마음으로

기도 ··· 240
인생이란 ··· 241
법계사 가는 길에 ···························· 242
날고 싶다 ······································· 244

우리 생명 ………………………………………………… 245
정화 ………………………………………………………… 246
무심 ………………………………………………………… 248
죽음의 해석학 …………………………………………… 250
작용과 반작용 …………………………………………… 252
마음을 비우면 …………………………………………… 254

6. 정겨운 산하

산에서 ……………………………………………………… 256
강가에서 …………………………………………………… 257
고향에 돌아와서 ………………………………………… 258
용두산에 올라 …………………………………………… 260
괴화산에 올라서 ………………………………………… 261
세종의 강 ………………………………………………… 264
바위 ………………………………………………………… 266
금강 강가에서 …………………………………………… 268

7. 나무와 꽃, 새와 미물까지

매화나무 …………………………………………………… 270
봄꽃 ………………………………………………………… 273
우리 집 대숲 ……………………………………………… 274
연꽃 ………………………………………………………… 276

단정학 ······ 278
비둘기 ······ 280
난초 앞에서 ······ 283
작은 거미 ······ 284
작은 개미 ······ 286

8. 인연 따라

반복 ······ 289
밥상 ······ 292
거울 ······ 293
한복 ······ 294
친구에게 ······ 296
옆집 가게 ······ 298
목욕탕에서 ······ 300
친구 ······ 302
여행 ······ 303
장암 선생의 1주기를 맞으며 ······ 305
지금도 빛나는 별자리에서 ······ 309
이남덕 선생을 기리며 ······ 312
줄기차게 달려오신 그 걸음으로 ······ 313
우리의 자랑 금남초등 ······ 316
새천년 첫날에 ······ 318

I. 믿음의 세월

1. 유심안락도송(遊心安樂道頌)

1. 유심안락도송(遊心安樂道頌)
〈마음으로 찾아가는 극락의 길, 새벽기도에서 낭송한다.〉

제1송
내게 불성이 있음을 스스로 깨닫고
내 스스로 부처님의 힘을 얻어서
부처님과 같은 자비를 행하라

제2송
그 지혜는 위없이 높고
그 자비심은 온 우주에 가득 차고
그 광명은 대낮같이 밝으니라

제3송
하나의 큰 진리는 만 갈래로 벌어지고
거기에 순응하여 사람의 도리를 마련하니
여기에 적응하면 행복을 누리리라

제4송
어디 가든 주인이 되어서
끊임없이 보리심을 내면
바로 그 자리마다 안락국이로다

제5송
모든 현상은 항상하지 않고 변한다
모든 법상은 나라는 실체가 없나니
그러기에 모든 것은 고통의 바다니라

제6송
청정한 허공이 법신불이고
진실이 여여하게 내려오니
여기가 바로 극락이로다

제7송
넓디넓고 지극히 조용하고
나지도 않고 없어지지도 않으니
여래의 진상이 불가사의로다

제8송
보시에 힘쓰고 계행을 지키며
인욕하고 정진하는 가운데
선정에 드니 지혜가 솟아나도다

제9송
진실과 선행·미학·신성함으로
신묘하게 도우니
널리 중생을 구제하도다

제10송
진실행·진실이여 진실행·진실이여
영원한 희망이요 무상의 행복이요
불멸의 영광이니라

제11송
허공이 제불법신이라
호흡하여 마음에 드니
이 마음이 부처로세(3번)
(나무아미타불)

제12송
진리 세계 찬연하여
여러모로 밝혀내니
정진하여 실천하라

제13송
계행하여 하심하고
정행하여 중심 잡고
혜행하여 핵심 차려라

제14송
법신은 원융하고
연기는 무진하니
중도는 광원하도다

제15송
이 세계는 한 꽃이며
텅 빈 곳에 묘하게 충만하니
모든 것은 오직 마음이 짓는도다

제16송
만유의 생명은 허공으로 돌아가고
인간의 지혜는 별자리와 같은데
우주의 심정은 오직 인생과만 통한다
인간의 혜명이 세계에 두루하도다

제17송
허공이 제불법신이라
호흡하여 마음에 드니
이 마음이 곧 부처로세(3번)
(나무아미타불)

제18송
이 사바의 고통을 다 여의고
미혹함을 돌이켜 깨달으니
항상 즐겁고 청정하도다

제19송
정진이 다함없고
탐구가 끝이 없으니
성취가 원만하도다

제20송
평화는 허공과 같고
안정은 대지와 같고
열반은 대해와 같도다

제21송
허공 세계는 청정하니
자유로운 천지에
훨훨 날아다니는 행복이여

제22송
허공이 제불법신이다
호흡하여 마음에 드니
이 마음이 곧 부처로세(3번)
(나무아미타불)

I. 믿음의 세월

2. 화엄경 '허공' 초송(華嚴經 '虛空' 抄頌)

2. 화엄경 '허공' 초송(華嚴經 '虛空' 抄頌)

〈화엄경(탄허 현토본 80권 전 5책) 중에서 '허공'을 비유·찬탄한 부분을 초하여 시처럼 독송하다.〉

제1송
불신은 허공과 같아서
다함이 없어라
형상이 없고 장애가 없어
시방에 편만하도다
　　　〈제1책, p.44〉

제2송
세간의 광대한 자세는
여래의 작은 자비에 못 미치니
부처의 자비는 허공과 같아
다함이 없느니라
　　　〈위 책, p.46〉

제3송
세간에 있는 복력은
여래의 한 복상에도 못 미치니
여래의 복덕은 허공과 같으니
이 생각은 광천이 굽어보는 바로다
　　　〈위 책, P.49〉

제4송
여래의 자재함이 헤아릴 수 없으니
법계와 허공에 모두 충만하여
일체중생들이 모두 밝게 보도다
　　　　〈위 책, p.97〉

제5송
세간을 위하여 고행을 닦아서
왕래하는 모든 것이 무량겁이로다
광명이 널리 맑아서 허공 같으니라
　　　　〈위 책, p.59〉

제6송
제불의 경계에 무량한 문이여
일체중생이 들어가지 못하거늘
부처의 성품이 허공같이 청정하여
세간을 위하여 정도를 펴도다
　　　　〈위 책, p.64〉

제7송
신통이 응하여 나타남이 빛 그림자 같으니
법륜의 진실이 허공과 같음이여
이런 처세가 무한 겁이니
이 요익을 왕이 증명하도다
　　　　〈위 책, p.67〉

제8송
지혜가 허공과 같아 가없으니
법신의 광대함이 불가사의로다
시방에 다 출현하시니
빛나는 눈이 이에 능히 관찰하도다
〈위 책, p.73〉

제9송
일체중생의 우비 고뇌를
부처가 널리 현전하여 구호하되
법계 허공에 두루하지 않음이 없으니
이는 법등이 행하는 경지로다
〈위 책, p.75〉

제10송
부처의 한 모공 모든 공덕을
세간의 모두가 헤아릴 수 없어라
무변하고 무진함이 허공과 같으니
이와 같이 광대한 광명의 깃발이 보이도다
〈위 책, p.76〉

제11송
시방에 있는 광대한 중생
그 가운데 부처가 가장 수승하고 특별하니
광명 널리 비추임이 허공과 같아
일체중생 앞에 널리 나타나도다
〈위 책, p.82-83〉

제12송
부처의 지혜가 허공같이 무진하여
광명이 사방에 널리 비추니
중생의 마음 씀을 모두 알아서
일체 세간에 들어가지 않음이 없도다
 〈위 책, p.85〉

제13송
여래의 복량이 허공과 같아서
세간의 모든 복이 여기서 생겨나니라
모든 지은 바가 헛됨이 없으니
이와 같이 해탈을 찬연하게 얻는도다
 〈위 책, p.87〉

제14송
너희들은 응당히 부처의 소행을 보라
광대하고 적정함이 허공상과 같으니
널리 거침없이 청정을 다스려
더러움을 떠나 단엄하게 시방을 밝히도다
 〈위 책, p.88〉

제15송
만약 중생이 부처님전에 이르러
여래의 미묘한 법음을 들으면
마음에 큰 환희를 일으키지 않을 수 없으니
허공에 널리 놀아 이 법을 깨닫도다
 〈위 책, p.91〉

제16송
여래의 한 광대한 안목이
청정하기가 허공과 같으니
모든 중생을 널리 살피사
일체를 다 밝히었도다
　　　〈위 책, p.93〉

제17송
불신이 허공과 같아서
낳음도 없고 취한 바도 없으며
믿음도 없고 자성도 없으니
길상계의 소견이로다
　　　〈위 책, p.93〉

제18송
복덕이 허공과 같아 다함이 없으니
그 갓을 구해도 얻을 수가 없도다
이 부처님의 대비는 움직일 수 없으니
광명이 들어가 마음에 환희를 일으키도다
　　　〈위 책, p.98〉

제19송
여래의 청정이 허공과 같아서
형상이 없이 시방에 편만하되
모든 중생이 보지 않음이 없으니
이 복의 광신이 잘 관찰하도다
　　　〈위 책, p.101〉

제20송
제불의 경계가 불가사의함이여
법계와 허공이 평등상으로
능히 중생의 치혹망을 청정히 하니라
　　〈위 책, p.104〉

제21송
중생이 때가 있어 깨끗이 하기 힘쓰며
일체의 원해가 자비를 냄과 같아라
광명이 비쳐 허공에 가득하니
널리 세간의 하신이 다 환희하도다
　　〈위 책, p.107〉

제22송
억겁을 수행하여도 게으름이 없음이여
세간법에 물들지 않음이 허공 같아서
종종 방편으로 중생을 교화하니라
　　〈위 책, p.116〉

제23송
불지의 광대함이 가없어라
허공과 같아서 헤아릴 수가 없거늘
화목 성신이 이를 깨달아 기뻐하여
능히 여래의 묘한 지혜를 배우도다
　　〈위 책, p.122〉

제24송
내가 여래의 왕석 시를 생각하니
무량겁에 수행할 때
제불이 출흥하니 공양에 힘쓴지라
허공 같은 대공덕을 얻었느니라
　　　　〈위 책, p.124〉

제25송
불음의 성량이 허공과 같아서
일체 음성이 모두 그 가운데에 있어라
중생을 조복하는 데에
두루하지 않음이 없어라
　　　　〈위 책, p.127-128〉

제26송
제불께 공양함이 억찰에
미진수와 같으니
그 공덕이 허공과 같아서
일체가 섬앙하는 바로다
　　　　〈위 책, p.133〉

제27송
부처가 허공과 같아서 분별이 없으며
진실 법계와 같이 의지할 데가 없으되
화현하여 두루함이 온통 미치사
모두 도량에 앉아 정각을 이루었도다
　　　　〈위 책, p.136〉

제28송
세존이 지난날 모든 행을 닦음에
백천 무량겁이 지나도록
일체 불찰 모두 장엄하사
거침없이 출현함이 허공과 같도다
　　　　〈위 책, p.138〉

제29송
법왕의 모든 역량이 다 청정하사
지혜가 허공같이 가없어라
모두 숨김없이 열어 보이니
널리 중생들이 함께 깨닫게 하도다
　　　　〈위 책, p.141〉

제30송
모든 부처의 깨달음을 이미 다 아니
허공처럼 걸림 없이 온통 밝게 비추사
시방 무량 국토를 두루 빛내고
모든 모임에서 엄정 청정하도다
　　　　〈위 책, p.144〉

제31송
부처의 공덕량이 허공과 같아서
일체 장엄이 이로부터 나오니라
일일 시중의 엄결한 꾸밈새를
일체중생이 능히 알지 못하도다
　　　　〈위 책, p.146〉

제32송
널리 시방 모든 세계에 걸쳐
소유한 일체중생의 세계에
부처의 지혜 평등함이 허공 같아서
다 능히 그 모공 중에 나타나도다
〈위 책, p.155〉

제33송
불안의 광대함이 허공과 같아서
법계를 남김없이 두루 보시니
무애 지중에 비할 데 없는 쓰임이여
그 눈이 무량하여 부처가 능히 연설하도다
〈위 책, p.156〉

제34송
부처가 옛날에 보문지를 닦아서
일체의 지성이 허공과 같은지라
그러므로 무애력을 얻으사
서광이 널리 시방세계를 비추도다
〈위 책, p.157〉

제35송
신통의 경계가 허공과 같아서
시방의 중생이 보지 않음이 없으니
옛날 수행하여 이룬 땅과 같이
마니과 중에 함께 설하도다
〈위 책, p.158〉

제36송
광대한 수행 지혜의 바다에
일체의 법문이 두루 펼치고
국토에 두루 보임이 허공과 같으니
수중에 이 법음을 연창하도다
　　　　〈위 책, p.159〉

제37송
주변 법계 허공신과
중생을 널리 비추는 지혜의 불이여
일체의 방편이 모두 청정하니
옛날 원행했던 바가 함께 연설하도다
　　　　〈위 책, p.160〉

제38송
법운 광대한 제 십지에
함장된 일체가 허공에 두루 퍼짐이라
제불의 경계를 소리 가운데 연설하니
이 소리가 부처의 위신력이로다
　　　　〈위 책, p.160〉

제39송
무애한 지혜신을 보니
삼세의 평등함이 허공과 같아서
널리 중생심을 따라 즐겁게 바꾸어
종종 차별을 모두가 보도다
　　　　〈위 책, p.161〉

제40송
각각 여래 해탈문에 들어가니
이 화장세계와 같아서
시방의 진법계 허공계 일체 세계해 중에도
다 이와 같으니라
〈위 책, p.163〉

제41송
각기 십종 보살의
신상을 나타내어
허공에 편만하여
흩어져 사라지지 않도다
〈위 책, p.170〉

제42송
불신이 낳음이 없으되
능히 출생을 보이며
법성이 허공과 같으니
제불이 그 가운데 머물도다
〈위 책, p.191〉

제43송
부처가 법으로 몸을 삼으니
청정이 허공과 같아라
나타난바 색과 형상으로
이 법 중에 들어가도다
〈이 책, p.199〉

제44송
법신이 그 허공과 같으니
걸림이 없고 차별이 없도다
색과 형상이 그림자 모양 같아서
종종 여러 모양으로 나타나도다
〈위 책, p. 205〉

제45송
그림자 모양이 방소가 없이
허공과 같아 체성이 없으니
지혜가 광대한 사람은
그 평등함을 요달하리로다
〈위 책, p. 205-206〉

제46송
불신은 가히 취할 수 없으니
출생도 없고 일어남도 없다
사물에 응하여 나타나니
평등함이 허공과 같도다
〈위 책, p. 206〉

제47송
일체 제불 비로자나여래 장신이
일체불 평등에 들어가
능히 법계에 뭇 영상을 보이고
광대하고 무애함이 허공과 같도다
〈위 책, p. 207〉

제48송
보현의 신상이 허공 같아서
진실에 의지하여 국토에 머물지 아니하되
모든 중생심이 하고자 하는 바를 따라서
보신을 일체 평등하게 나타내도다
〈위 책, p. 213〉

제49송
제 불법을 따라 출생하며
또한 여래의 원력으로 일어나리라
진여평등이 허공에 있으니
그대 이미 이 법신을 엄정히 하도다
〈위 책, p. 214〉

제50송
법계의 일체진에 들어가니
그 몸이 무진하고 차별이 없어라
허공과 같이 다 두루하여
여래의 광대한 법을 연설하도다
〈위 책, p. 215〉

제51송
보현의 제원행지에 안주하고
보살의 청정도를 수행하며
법계가 허공 같음을 관찰해야만
이에 능히 불행처를 알리로다
〈위책, p. 219-220〉

제52송
보살이 능히 보현행을 닦아서
법계의 미진도를 유행하여
티끌 가운데 무량세계가 다 실현되니
청정하고 광대함이 허공과 같도다
　　　〈위 책, p.223〉

제53송
허공계와 같이 신통을 보이사
도량의 모든 불소에 다 가서
연화 좌상에 여러 모습을 보이니
일일신이 일체 세계를 포용하도다
　　　〈위 책, p.223〉

제54송
세계해 미진수 의주처가 있어
이른바 일체 장엄에 의지하여 머물며
혹 허공에 의지하여 머물며
혹 일체 보광명에 의지하여 머물도다
　　　〈위 책, p.223〉

제55송
시방의 허공계에 편만하여
소유 일체 국토가
여래 신력 가피로
곳곳에 현전하여 다 볼 수 있도다
　　　〈위 책, p.224〉

제56송
혹 청정한 광명 세계가 있어
허공계에 의지하여 머물며
혹 마니 보해 가운데에 있어
다시 광명장에 안주하여 있도다
〈위 책, p. 224〉

제57송
이와 같이 종종 각기 차별하여
일체가 다 원해에 의지하여 머물더라
혹 국토가 있어 허공에 상재하거든
제불이 구름처럼 다 충만하여 있도다
〈위 책, p. 226〉

제58송
혹 허공에 있어 매달려 머물러서
혹 때로 있기도 하고 없기도 하며
혹 국토가 있어 극히 청정하여
보살의 보관 가운데 머물도다
〈위 책, p. 226〉

제59송
혹 종종의 장엄장이 나타나서
허공에 의지하여 세워지니
모든 업의 경계가 불가사의하여
불력이 현시되어 모두 다 보도다
〈위 책, p. 226〉

제60송
멸괴와 생성이 서로 순환을 거듭하여
허공중에 잠시도 쉬지 않나니
모두가 다 청정원에 연유되어 있었고
광대한 업력을 지니고 있도다
　　　〈위 책, p.227〉

제61송
세계의 무변한 차별장이
구름처럼 허공에 산재하여
보륜이 그 땅에 퍼져 한 장엄을 이루거든
제불의 광명이 그 가운데 비추도다
　　　〈위 책, p.228〉

제62송
일체 티끌 가운데 나타난 세계가
모두 본원의 신통력이라
그 마음을 따라 즐거움이 종종 달라서
허공 가운데 모두 능히 작용하도다
　　　〈위 책, p.229〉

제63송
혹시 허공에 매달려 있어
때에 따라 있는지 없는지
혹 국토가 지극 청정하여
보살의 보관 중에 머물도다
　　　〈위 책, p.326〉

제64송
혹 이 청정한 광명은
출생을 알 수 없으며
일체 광명의 장엄은
허공을 의지하여 머물도다
〈위 책, p. 230-231〉

제65송
중생을 위하여 수승행을 닦음에
복덕이 광대하여 항상 증장함이라
구름이 펼쳐져 허공을 덮은 것처럼
일체의 세계가 모두 성취되도다
〈위 책, p. 236〉

제66송
마니 묘보가 땅을 장엄함에
청정한 광명을 내여 뭇 장식을 갖추고
법계에 충만함이 허공과 같으니
불력이 자연 이와 같이 나타나도다
〈위 책, p. 254〉

제67송
이 세계 해 중 일체처에
모두 중보로써 엄식함이라
불길이 일어나 허공에 올라 구름처럼 펼치니
광명이 통철하여 항상 덮여있도다
〈위 책, p. 263〉

제68송
모든 불국토가 허공과 같아서
비할 데 없고 나지도 않고 형상도 없거늘
중생을 위하여 널리 엄정히 하여
본원력의 연고로 그 가운데 머물도다
〈위 책, p.264〉

제69송
화장세계해여
법계와 같아 다름이 없고
장엄이 극히 청정하여
허공에 안주하도다
〈위 책, p.319〉

제70송
비유하건대 큰 용왕이
구름을 일으켜 허공에 널리 편 것 같아서
이와 같은 부처의 원력으로
모든 국토에 출생하도다
〈위 책, p.322〉

제71송
세존이 도량에 좌정하니
청정한 대광명이
비유컨대 천 해가 출현한 것 같아서
허공계를 널리 비추도다
〈위 책, p.343〉

제72송
보장이 여러 망에 나열하고
기악이 구름을 펼치는 것 같아서
허공에 엄정히 갖추어 있어
곳곳에 충만하도다
　　　〈위 책, p.346〉

제73송
각각 자력에 따라
장엄구름 널리 내리되
일체가 구름이 퍼지듯이
허공 가운데 편만하였도다
　　　〈위 책, p.346〉

제74송
수미산과 향수해에
상묘한 마니보륜과
청정한 전단향을
다 응하여 내리니 허공에 가득하도다
　　　〈위 책, p.346〉

제75송
뭇 보배와 영락으로
장엄하여 청정무구하며
마니 등으로써
모두 허공중에 머물도다
　　　〈위 책, p.346-347〉

제76송
일일 모공이 광운을 나타내니
허공에 가득하여 대음을 발하고
소유한 유명을 비추지 않음이 없으니
지옥의 모든 고통이 다 소멸되도다
〈위 책, p.355〉

제77송
대위망왕자가 그 부모와 함께
무수 중생으로 위요하여
보개가 구름과 같고
허공을 널리 덮었느니라
〈위 책, p.356〉

제78송
그 응한 바를 따라서
설법하여 중생을 조복하시되
이와 같이 법계 허공계에도
동등하게 미쳤느니라
〈위 책, p.368〉

제79송
제불이 허공과 같아서
구경에 항상 청정하니
환희심 내는 것을 억념하면
그 모든 원을 구족하리로다
〈위 책, p.395〉

제80송
항상 머무는 열반이 허공과 같으며
마음을 따라 화현함이 널리 두루하니
이것이 무상에 의지하여 유상이 되되
안도에 도달하는 자가 방편력이로다
〈위 책, p.409〉

제81송
비유컨대 허공중에 무량세계가
오고 감이 없이 시방에 가득하되
생성과 멸괴가 의지할 데가 없으니
부처가 허공에 편만함도 이와 같도다
〈위 책, p.414〉

제82송
허공을 보는 데 있어
움직임도 없이 가만히 앉았고도
널리 올랐다고 말하는 것같이
해태한 사람도 역시 이러하니라
〈위 책, p.427〉

제83송
여래의 깊은 경계여
그 양이 허공과 같으니
일체중생이 들어가되
실은 들어간 바가 없느니라
〈위 책, p.434〉

제84송
제불의 지혜가 자재하여
삼세에 걸림이 없으니
이 같은 지혜의 경계가
평등하기 허공과 같도다
　　　〈위 책, p.435〉

제85송
만약 시방 일체불의 가피를 입어
친히 감로수로써 관정을 받는다면
그 몸이 충만하여 허공과 같아서
안주하고 부동하여 시방에 가득하도다
　　　〈위 책, p.466-467〉

제86송
만약에 몸이 충만하여 허공 같아서
안주하고 부동하여 시방에 가득하다면
그 소행이 비할 데가 없어
제천과 세인이 능히 알지 못하리라
　　　〈위 책, p.467〉

제87송
보살이 우수로 청정한 광명을 놓으니
광중의 향수가 허공을 따라 내리어
시방의 모든 불국토를 씻어 내리고
일체를 공양하고 세등을 비추더라
　　　〈위 책, p470〉

제88송
인연의 소생은 생이 없으며
제불 법신은 몸이 아니며
법성의 상주는 허공과 같으니
그 뜻을 설한 광명이 이와 같도다
〈위 책, p.493〉

제89송
허공중에 불에 들어 좌정하고
행·주·좌·와에 다 허공에 있으며
신상에 물이 나오고 신하에 불이고
신상에 불이 나오고 신하에 물이로다
〈위 책, p.502〉

제90송
오히려 이 어려운 일이 일어나거든
하물며 큰 요익이 자재력일가
비유컨대 일월이 허공에 노닐면서
그 일상이 시방에 널리 퍼져 있음과 같도다
〈위 책, p.502〉

제91송
여러 천중이 방일함을 알았을 때
허공중에 자연 감응이 있어
이런 소리가 나오니
일체 오욕이 다 무상하도다
〈위 책, p.506〉

제92송
법성이 본래 청정하여
허공과 같이 상이 없도다
일체 말로 할 수 없으니
지혜로운 자는 그대로 보도다
〈위 책, p.530〉

제93송
일체 범부의 행함이
속히 돌아가지 않음이 없으니
그 성품이 허공과 같아서
다함이 없음을 설하도다
〈위 책, p.531〉

제94송
가운데가 없고 둘이 없으며
둘이 없음도 또한 없으니
삼계 일체 허공이어
이것이 즉 제불로 보이는도다
〈위 책, p.537〉

제95송
제여래 보승존이
일체 공덕을 다 성취함을 들으니
비유컨대 허공이 분별없음과 같고
보살이 이로써 초발심을 내는도다
〈위책, p.551〉

제96송
신·어·의 삼업으로
시방에 널리 가서 걸림이 없고
삼세가 다 공적한 허공임을 알지라
이로써 보살이 초발심을 내는도다
　　　　〈위 책, p.556〉

제97송
시방세계 및 허공에
지·수·화·풍을 소유하고
욕계·색계·무색계를 갖추어
곡진히 관찰하기를 다 권하도다
　　　　〈위 책, p.560〉

제98송
구경에 허공이 법계와 대등하니
소유한 일체 제세 간에
제불법이 다 찾아감과 같이
이같이 발심하여 퇴전하지 않도다
　　　　〈위 책 제2책, p.29〉

제99송
그 마음의 광대함이 법계와 같으며
의지할 데가 없고 변함없기가 허공과 같으니
취향 하는 불지는 취할 바가 없고
중요한 실제가 분별을 떠났도다
　　　　〈위 책, p.30〉

제100송
대자비로 널리 제도함은 비할 데 없으며
자심이 널리 퍼짐은 허공과 대등하되
그 중생에게 분별하지 않아서
이같이 청정하여 세상에 노닐도다
　　　　〈위 책, p.32〉

제101송
대비와 애민으로 적극 구제하여
무위가 청정한 법성임을 설하니
불력이 무량함도 이러하니라
비유컨대 허공이 변제가 없음과 같도다
　　　　〈위 책, p.35〉

제102송
비유컨대 환사의 자재력과 같이
보살의 신변이 또한 이와 같다
그 몸이 법계와 허공에 편만하여
중생심을 따라 보이지 않음이 없도다
　　　　〈위 책, p.36〉

제103송
그 마음의 광대함이 허공과 같아서
삼세의 사물이 다 명달하고
일체의 의혹이 다 없어져서
불법의 무소취를 바르게 보도다
　　　　〈위 책, p.38〉

제104송
한 모공에 시방이 보이고
허공계가 다하는 제세간이 있으니
비어서 부처 없는 곳이 없어라
이같이 불찰은 모두가 청정하도다
〈위 책, p.41〉

제105송
중생을 애민하는 광대한 지혜로
일체가 동일함을 보섭하여
허공이 형상이 없고 진실이 없다고 알되
그 마음을 행함에 해태하지 않도다
〈위 책, p.42〉

제106송
시방세계 제 중생의 방편과
행하려는 바를 품고자 하고
허공의 변제를 가히 측량할 수는 있어도
발심의 공덕은 헤아려 알기 어렵도다
〈위 책, p.43〉

제107송
일체 지혜가 맹세코 반드시 성취되며
소유 중생이 모두 영원히 제도되나니
발심의 광대함이 허공과 대등하고
생기하는 공덕이 법계와 같도다
〈위 책, p.45〉

제108송
시방 중생이 무량하며
세계 허공이 또한 이와 같거든
발심이 무량하여 그보다 더하므로
일체 부처를 능히 낳는도다
　　　　〈위 책, p.46〉

제109송
지혜의 광명이 밝은 해와 같고
중행의 구족함이 만월과 같으며
공덕이 항상 차 있음이 거해와 비유되고
무구함과 무애함이 허공과 같도다
　　　　〈위 책, p.47〉

제110송
법을 아는 자성이 허공과 같아서
일체가 적멸하여 모두 평등하며
법문이 무수하여 가히 설할 수 없고
중생을 위한 설법이 집착한 바 없도다
　　　　〈위 책, p.48〉

제111송
중생의 심행은 가히 그 수를 알고
국토의 미진도 또한 같으며
허공의 변세는 짐짓 사량하거니와
발심의 공덕은 측량할 수 없도다
　　　　〈위 책, p.48〉

제112송
삼자는 모든 이양에
희구하는 바가 없고
사자는 일체법을 아는 것이
모두 허공과 같도다
　　　〈위 책, p.56〉

제113송
용행력에 안주하고
지혜에 안주하니
일체법을 보는 것이 머무는 바가 없어
마치 허공과 같도다
　　　〈이 책, p.57〉

제114송
시방계를 유행하시되
허공과 같이 걸리는 바가 없으니
일신이 무량신이여
그 모양을 가히 얻지 못하도다
　　　〈위 책, p.81〉

제115송
비유컨대 초여름과 같이
허공이 청정하여 한 점 구름이 없으면
붉은 해가 빛을 내어
시방에 충만하지 않음이 없도다
　　　〈위 책, p.83〉

제116송
비유컨대 모든 세간이
겁소에 다 타서 없어졌으나
허공은 손패됨이 없는 것 같아서
불지 역시 이와 같도다
　　〈위 책, p.90〉

제117송
시방의 중생들이
각기 허공상을 취함과 같이
제불 역시 이와 같아서
세간을 분별하지 않도다
　　〈위 책, p.90〉

제118송
또한 청정한 허공과 같이
색이 아니라 가히 볼 수가 없도다
비록 일체 색을 표현하지만
능히 허공을 보는 자가 없도다
　　〈위 책, p.96〉

제119송
부처의 장엄이 국토를 청정히 하고
여래의 자재한 신력을 시현하니
법계와 허공계에 널리 펴지도다
　　〈위 책, p.130〉

제120송
시방존을 일심으로 경례함이
이구 청정하여 걸림 없이 보이며
경계가 심원하여 비할 데가 없어서
허공과 같은 중도자에 머무나니라
　　　　〈위 책, p.133〉

제121송
법계 소유의 모든 품류가
허공에 무량수로 널리 퍼져 있거든
그 언설에 다 의지하여 머무르니
이것이 사자후의 행한 바 길이로다
　　　　〈위 책, p.141〉

제122송
제근이 미묘하여 행함이 또한 그러하며
능히 중생을 위하여 널리 설법하니
그 듣는 자 누가 흔경하지 않으랴
이것이 허공과 같이 행한 바 길이로다
　　　　〈위 책, p.145〉

제123송
가령 분신을 설할 수 없으되
이 법계와 더불어 허공과 같아서
그 공덕을 다 함께 칭양하더라도
백천만겁에 능히 다하지 못하도다
　　　　〈위 책, p.149〉

제124송
법계 불가사의를 듣되
마음에 겁약함이 없고
허공계 불가사의를 듣되
마음에 겁약함이 없도다
　　　〈위 책, p.151〉

제125송
법을 연설하되 궁진함이 없고
피곤함이 나지 않으니, 어쩐 연고인가
이 보살이 허공을 다하고
법계에 편만한 무변신인 연고니라
　　　〈위 책, p.170〉

제126송
도솔궁중 말할 수 없이 많은 보살이
허공 가운데 머물러서
일심으로 접근하여
제천 제공양구로 부처께 공양하도다
　　　〈위 책, p.186〉

제127송
무량수 도솔타천자가 허공에 머물러
향기로 구름을 이루어 허공을 장엄하고
천양 만색으로 허공을 장엄하고(4차)
허공을 미복하고 만종 사물로 허공을 장엄하도다(5차)
　　　〈위 책, p.187-188〉

제128송
그 모든 보살의 일일신이
각기 무수한 보살을 내어
다 법계 허공계에 충만하며
그 마음이 삼세제불과 같으니라
〈위 책, p.190〉

제129송
지혜를 성취하여 제근이 즐거우며
법운이 허공 법계 일체 법계에
교화 조복을 남김없이 하고
중생심을 따라서 모두 만족케 하도다
〈위 책, p.191〉

제130송
이와 같이 지혜의 연못에 들어가고
이와 같이 공덕의 바다에 노닐며
이와 같이 허공 지혜에 널리 이르니
이와 같이 중생의 복전을 알도다
〈위 책, p.197〉

제131송
지혜의 문에 들어 깊고 깊은 뜻을 알고
불가설 제 여래의 소유 변화가
법계 허공계에 다하여
일체 세간으로 평등·청정케 하니라
〈위 책, p.198〉

제132송
큰 지혜로 총지 문을 열고
혜안이 청정하여 법계에 깊이 들며
지혜의 경계와 변제가 없고
구경의 청정이 오히려 허공과 같으니라
　　　〈위 책, p.206〉

제133송
여래의 수승함이 비할 데 없으며
그 심히 깊음을 말할 수 없으니
언어도를 벗어나서
청정함이 허공과 같도다
　　　〈위 책, p.210〉

제134송
비유컨대 허공계와 같이
나지도 않고 멸하지도 않는 것처럼
부처의 제법이 이와 같아서
필경은 불생불멸 하니라
　　　〈위 책, p.213〉

제135송
정각은 헤아릴 수 없어라
법계가 허공과 같아서
깊고 넓고 바닥이 없으니
언어도가 다 끊어졌도다
　　　〈위 책, p.215〉

제136송
불신은 처소가 없으되
일체처에 충만하여
허공과 같이 변제가 없으니
이같이 불가사의하도다
　　　　〈위 책, p. 217〉

제137송
지혜의 청정함이 허공과 같아서
무변한 대사행을 수습하되
부처가 제행법을 행한 바와 같이
그 사람이 이와 같이 항상 수학하도다
　　　　〈위 책, p. 242〉

제138송
저 모든 보살이 세간에 처하되
일체법의 내외에 집착하지 않으니
바람이 걸림 없이 허공에 유행함 같이
대사의 용심이 또한 이와 같도다
　　　　〈위 책, p. 243〉

제139송
세간법에 머물지 않으며
출세간을 즐기며
일체법을 아는 것이 다 허공과 같아서
소종래가 없느니라
　　　　〈위 책, p. 261〉

제140송
일체의 국토에 이르며
일체의 법에 이르며
일체의 허공에 이르며
일체 삼세에 이르도다
〈위 책, p.267〉

제141송
미래 제불이 장엄을 구축하고
현재 제불과 그 국토 도량 중회가
일체의 허공계 법계에 편만하니
신해의 대위력을 원하는 연고니라
〈위 책, p.267〉

제142송
보살마하살이 다시 이 생각을 짓되
제불 세존이 일체 허공 법계와
종종 업이 일으킨 바
시방 일체 세계에 편만하니라
〈위 책, p.267〉

제143송
일체중생으로 선근을 구족하여
모두 조복하고
그 마음이 무량하여 허공계와 같으니
일체 세계를 가되 이른 바 없도다
〈위 책, p.271〉

제144송
마땅히 불도를 이루고
일체 청정 장엄 공덕 불토를 얻되
법계 허공계가 다 해도 무변 무제하며
끊어지지도 않으며 다하지도 않도다
　　　　〈위 책, p. 278-279〉

제145송
이와 같은 무량 무수 장엄구로
일체 진법계 허공계를 장엄함에
그 중 소유 일체 불토가
이른바 장엄 불토·청정 불토·평등 불토가 되느니라
　　　　〈위 책, p. 280〉

제146송
그 모두가 엄호하며 모두 다 주지하니
한 세계와 같아서
이와 같은 법계 허공계를 다한
일체 세계도 또한 이와 같으니라
　　　　〈위 책, p. 281〉

제147송
법계 허공계에 깊이 들며
우치를 벗어나며
염불을 성취하며
불법 진실을 염하여 불가사의하니라
　　　　〈위 책, p. 281〉

제148송
일체 불토를 능히 보현하며
마음이 허공 같아서
의지할 바가 없으되
능히 일체 법계를 분별하도다
　　　〈위 책, p.282〉

제149송
한 불찰과 같이
허공을 다하고
법계에 편반한 일체 불찰도
다 이와 같으니라
　　　〈위 책, p.283〉

제150송
보살마하살이 이와 같은 무비한 회향을 하여
살반야를 취함이여
그 마음의 광대가 허공과 같아서
한량이 없어 불가사의에 들도다
　　　〈위 책, p.284〉

제151송
법계에 깊이 든 연고로
무진 선근을 얻으며
무량심 같은 허공계를 닦은 연고로
무진한 선근을 얻느니라
　　　〈위 책, p.285〉

제152송
일체 제불이 깊은 신해를 얻어
무변지에 머물며
보리심력이 광대하기 법계와 같고
구경에 허공과 같으니라
　　　〈위 책, p. 286〉

제153송
무변한 깨달음의
무진장을 얻으니
이 허공 같은 지혜로
삼세 일체법에 통달한 연고니라
　　　〈위 책, p. 287〉

제154송
이른바 일체중생이
허공과 같이 무변한 장기를 이루기 원하여
염력이 광대하기를 염원하여
세간 출세간의 일체 경서를 수지하도다
　　　〈위 책, p. 306〉

제155송
일체중생이 진법계 허공계
일체 세계 일체여래 중회도량기를
용납·성취하기를 원하여
대장부 찬설의 우두머리가 되려고 제불께 권청하나라
　　　〈위 책, p. 307〉

제156송
일체중생이 보살 자재 신통력을 얻어서
분신이 허공계와 같이 편만하며
일체 불소에 친근 공양하기를 원하도다
　　　　〈위 책, p.310〉

제157송
원컨대 일체중생이
부처의 구경 자재 신통력을 얻어서
일찰나 중 진허공계에
제불의 신통 변화를 나타내도다
　　　　〈위 책, p.310〉

제158송
일체중생이 허공신을 타고
제세간에 지혜가 거침없으며
일체 허공계 제불의 중회에 널리 들어가
제일 바라밀행을 성취하기를 원하도다
　　　　〈위 책, p.313〉

제159송
일체중생이 하나의 큰 덮개로
능히 일체 허공계 일체 찰토를 덮어서
제불의 자재 신통력을 보이느니라
　　　　〈위 책, p.325〉

제160송
보망이 모두를 덮고
보령이 내려와 늘어져
바람 따라 요동함에 미묘 음을 내며
법계 허공계 일체 세계 제 불신을 널리 덮은 연고니라
　　　　〈위 책, p.326〉

제161송
광명이 엄결하여 대지에 두루 퍼지고
시방 허공법계 일체 불찰에 충만하거든
보살마하살이 정심으로 신해하여
이런 무량 당번으로 현재 일체 제불께 베풀도다
　　　　〈위 책, p.228〉

제162송
원컨대 일체중생이
무착 무박의 해탈심을 얻어
광대하기가 법계와 같고
구경에 허공과 같으리라
　　　　〈위 책, p.334〉

제163송
원컨대 일체중생이 허공신을 얻어서
세간의 뇌환이 능히 염착할 수 없으니
이것이 보살마하살의 신혈을 보시하는
선근회향이니라
　　　　〈위 책, p.349〉

제164송
원컨대 일체중생이 무애신을 얻어서
청정한 법신으로 허공계에 널리 편만하며
일체중생이 보리장신을 얻어서
능히 일체 시간을 모두 용납하느니라
　　〈위 책, p.351〉

제165송
원컨대 일체중생이 일체처에
모든 부처를 상견하여 여래가 허공에 편만함을 도달하며
일체중생이 불자재신을 구족하여
널리 시방에 성불·설법하기 바라느니라
　　〈위 책, p.369〉

제166송
일체중생으로 하여금
무량 제일 법계를 증득하고
허공의 무애 정도를 구족케 하니
이것이 보살마하살의 자기 몸을 보시하는 선근회향이니라
　　〈위 책, p.374〉

제167송
원컨대 일체중생이
널리 법계 허공계 등 모든 세계 가운데
일체중생을 위하여
작법으로 시주하여 대승에 머무느니라
　　〈위 책, p.380〉

제168송
원컨대 일체중생이
지혜가 허공 법계에 충만하여
일체 지혜를 얻어서
널리 삼세에 드느니라
　　　〈위 책, p.393〉

제169송
무착 무박 해탈심으로
보현행을 이루어
일광이 진허공계 일체 세계를
널리 비추니라
　　　〈위 책, p.458〉

제170송
무착 무박 해탈심으로
보현의 청정법을 성취하여 일모단 양처와 같이
진허공 변법계 불가설불가설 일체 국토를 모두 포용하여
모두 밝게 보게 하니라
　　　〈위 책, p.462〉

제171송
일체 제불 경계에 널리 들어
제불 허공계와 같은 청정 법신이 서로 장엄함을 보고
신력이 자재하여
묘음으로 연설을 펴시느니라
　　　〈위 책, p.463〉

제172송
일체 법계가 안립한 무량세계로 한 세계에 들어가고
일체 허공계가 안립한 무량세계로 한 세계에 들어가되
안립의 모양이 파괴되지 않느니라
　　　〈위 책, p.463〉

제173송
미래겁이 다하도록
이와 같이 연설하여
일체 세계에 광대한 허공 등행을
수습하여 성취가 원만하니라
　　　〈위 책, p.466〉

제174송
여래가 진허공계 일체 세계에
성불하심을 널리 나타내어
중생을 조복한 깊은 미세 등을
다 능히 요지하여 청정하니라
　　　〈위 책, p.470〉

제175송
일체중생을 위하여
일체 세계에 보현행을 닦아서
진허공계 법계 일체 세계
심미제지를 얻나니라
　　　〈위 책, p.471-472〉

제176송
일체법에 머물지 않고
제법성을 부수지 않아서
여실한 무염이 오히려 허공과 같으며
세간에 수순하여 언설을 일으켜 진실의를 여느니라
〈위 책, p. 473〉

제177송
일체 법계를 아는 삼미세지와
일체 진허공계 삼세를 아는 심미세지와
일체 언어도를 아는 심미세지 등으로
보살행을 닦느니라
〈위 책, p. 476〉

제178송
다만 보살의 일체 법명 대고통지를
구하는 연고로 회향하며
다만 진법계 허공계 일체불찰을 위하여
보현행을 행하여 원만 불퇴하니라
〈위 책, p. 499〉

제179송
일체중생이 다 평등 무애안을 얻게 하여
진허공 변법계 같은 지혜를 성취한 연고로
회향하느니라
〈위 책, p. 514〉

제180송
이와 같이 회향할 때
보현 무량 무변 보살 행원을 원만히 성취하여
진허공 등 법계 일체 불찰들을 엄정히 하고
일체중생도 이와 같으니라
　　　〈위 책, p.518〉

제181송
이른바 중생의 청정과 일체 불찰의 청정과
일체 법의 청정과 일체처에 널리 알려진 지청정과
변허공계 무변한 지청정이 모두 구족하니라
　　　〈위 책, p.519〉

제182송
이 일을 지으시고 허공 위에서
대광명 운망대를 이루어 머물거늘
이때 시방의 제불도 모두 이와 같아
미간에서 청정 광명을 내느니라
　　　〈위 책 제3책, p.16〉

제183송
부처는 대등할 자가 없어 허공과 같으니
시방에 무량하여 공덕이 수승하며
인간에 처승하여 세간 중에 상위인
석사자가 가피를 내느니라
　　　〈위 책, p.17〉

제184송
처음도 아니고 중간·후부도 아니며
언사로 설할 바도 아니라
삼세를 벗어나
그 형상이 허공 같아라
〈위 책, p.18〉

제185송
능히 일체 불법을 받아서
지혜로 교화하며
광대하기가 법계와 같으며
구경에 허공과 같느니라
〈위 책, p.20〉

제186송
불가사의 대승을 성취하여
보살행을 닦을 때
그 광대함이 법계와 같고
구경에는 허공과 같으니라
〈위 책, p.26〉

제187송
이 법지통과 신족통으로
자재로이 변화하여 법계에 충만하되
광애하기가 법계와 같고
구경에는 허공과 같으니라
〈위 책, p.27〉

제188송
제불의 일체 수승한 공덕을
구하여 약설하고
광대심을 발생하니
그 양이 허공과 같도다
〈위 책, p.36〉

제189송
그 마음이 온통 청정하여
일체가 다 환희로다
모두 자리에서 일어나
허공중에 춤추며 머물더라
〈위 책, p.43〉

제190송
종종의 형상을 생각지 않고
무변한 허공에 들어가서
허공의 무변처에 머물며
일체 허공 무변처를 초월하였도다
〈위 책, p.62〉

제191송
장애도 없고 변화도 없어
널리 일체처에 이르며
법계와 허공세가 나하여 일제 세간이 편안하니
자비와 희사에 머무는 것도 이와 같도다
〈위 책, p.63〉

제192송
석벽과 산장에 걸림 없이 가는 바를
오히려 허공과 같이하며
허공중에 가부좌하고 가기를
나는 새와 같이 하더라
　　　〈위 책, p.63〉

제193송
법계를 관찰함과 세계를 관찰함과
허공계를 관찰함과 색계를 관찰함과
욕계를 관찰함과 무색계를 관찰하여
염혜지로 들어가느니라
　　　〈위 책, p.71〉

제194송
자재천왕과 천중이
법문을 듣고 용약하며 허공에 머물러
종종의 미묘한 광운을 널리 놓아서
여래께 공양하는 기쁨이 충만하도다
　　　〈위 책, p.80〉

제195송
가장 지극한 청정이 허공과 같고
세법에 물들지 않음이 연화와 같으며
대모니가 세상에 높게 나투시니
비유컨대 수미산이 거해에 출현함 같도다
　　　〈위 책, p.81〉

제196송
비유컨대 별들이 허공에 있는 것같이
풍력이 가진 바가 흔들림이 없으며
또한 연화가 물에 묻지 않아서
이와 같이 대사가 세상에 행하느니라
　　　　〈위 책, p.94〉

제197송
법성이 본래 적멸하여 모든 형상이 없으니
오히려 허공이 분별되지 않음과 같도다
모든 취착을 벗어나고 언어도를 끊으니
진실 평등이 항상 청정하도다
　　　　〈위 책, p.95〉

제198송
비록 일체 국토가 오히려
허공과 같음을 알았으나
능히 청정 묘행으로
불국토를 장엄하느니라
　　　　〈위 책, p.112〉

제199송
일체 심식의 분별상을 떠나
취착하지 않음이 오히려 허공과 같으며
일체법에 들어감이 허공성과 같으니
이를 이름하여 무생 법인이라 하느니라
　　　　〈위 책, p.128〉

제200송
능히 중생심으로 자신을 짓고
또한 국토신을 짓고
중생신과 업보신 내지 허공신을 지으며
능히 업보신으로 자신을 짓고 내지 허공신을 짓느니라
〈위 책, p.135〉

제201송
허공신의 무량상과 주변상과 무형상과
무여상과 무변상을 알고
색신상을 나타내느니라
〈위 책, p.136〉

제202송
공덕을 성취하여 항상 자민을 취하며
지혜의 광대함이 허공과 같아라
법문을 듣고 결정력을 능히 내니
이것이 바로 적멸 무생인이니라
〈위 책, p.141〉

제203송
비유컨대 일월이 허공에 머무르되
일체의 수중에 모두 그림자를 냄과 같이
법계에 머물러 움직임이 없으되
마음 따라 그림자를 나타냄이 또한 다시 그렇도다
〈위 책, p.143〉

제204송
중생·국토 업보신과
종종 성인의 지법신과
허공의 신상이 모두 평등함을
중생을 위하여 널리 지어 보이도다
　　　〈위책, p. 143〉

제205송
보살이 무량 백천억이 있어
함께 용약하여 허공에 머물러서
제천을 거쳐 묘공을 올림으로써
설중의 최승자께 공양하도다
　　　〈위 책, p. 145〉

제206송
적정으로 가다듬어 더러움이 없으니
곳을 따라 처지에 들어가 잘 수습하며
마음이 허공과 같아서 시방에 나아가
불도가 중생을 깨닫게 했음을 광설하도다
　　　〈위 책, p. 145〉

제207송
자재천왕과 천중이 무량 억수로
허공에 머물러 있어
천의를 널리 흩어 부처께 공양하니
백천 만종이 빈번히 내리도다
　　　〈위 책, p. 162〉

제208송
부처가 심심한 진법성에 머물러서
적멸 무상이 허공과 같으되
제일 실의 가운데
종종의 행사를 시현하도다
〈위 책, p.163〉

제209송
해장 삼매와 해인 삼매와
허공계 광대 삼매와 관일체 자성 삼매와
지일체 중생심행 삼매와 일체불 개현전 삼매 등이
모두 현전하느니라
〈위 책, p.165〉

제210송
오른쪽으로 열 번을 돌고
허공에 머물러서
광명망을 이루니
그 이름이 치연 광명이니라
〈위 책, p.167〉

제211송
일체 부처가 보리처 도량 중회 장엄 위덕을 얻으며
이와 같이 진허공계 변법계 일체세계를 널리 비추고
이 보살 회상에 이르러서 오른쪽으로 돌았도다
〈위 책, p.169〉

제212송
그 마음이 적멸하고 항상 조순하며
평등 무진함이 허공과 같으며
모든 구탁을 떠나 도에 머무니
이 수승한 행을 그대들은 응청하라
　　　　〈위 책, p.191〉

제213송
욕계 색계 무색계와
법계 세계 중생계
유수 무수 및 허공이여
이와 같이 일체가 족히 통달하도다
　　　　〈위 책, p.194〉

제214송
이 삼매에 들면 법계력을 얻어서
궁진함이 없고 허공행을 얻어서
장애가 없으며
법왕위를 얻느니라
　　　　〈위 책, p.209〉

제215송
허공 외가 아닌 채로 세간에 들어가고
세간 밖이 아닌 채로 허공에 들어가니
어찌된 연고뇨 허공·세간이 무차별고로
세간에 머물고 또한 허공에 머무느니라
　　　　〈위 책, p.219〉

제216송
보살마하살이 허공 가운데서
일체 세간 종종 차별 묘장엄 업을
능히 보고 닦으며
일념경에 무수한 세계의 형성·괴멸을 다 능히 아느니라
〈위 책, p. 219〉

제217송
또한 자견신이 연기를 잘 알며
또한 자견신이 허공에 머물러 있으며
또한 자견신이 법신에 머물며
또한 자견신이 염착을 내지 않느니라
〈위 책, p. 232〉

제218송
여래신은 증가하지도 않고 감소되지도 않으니
비유컨대 허공은 벌레가
겨자씨 구멍 가운데를 먹어 치워도
또한 감소하지 않음과 같으니라
〈위 책, p. 235〉

제219송
이 보살마하살이 십종 신통으로 피안에 도달하나니
어떤 것이 십인고
이른바 제불이 진허공 변법계 신통으로
피안에 도달함이 그 첫째로다
〈위 책, p. 251〉

제220송
흐림이 없고 섞임이 없으며
때가 없어 빛과 색의 청정함이 허공과 같거든
그 연못의 사면에 각기 한 문이 있어
일일 문 가운데서 한 하천을 유출하니라
〈위 책, p.259〉

제221송
비유컨대 허공이 비록 일체 제물을 수용하나
유·무를 떠나는 것처럼
보살마하살 또한 이와 같아서
비록 세간에 들어가나 세간 상을 떠나느니라
〈위 책, p.266〉

제222송
비유컨대 허공이 모든 세계를 지니되
때로 이루고 때로 머무름에 싫어함이 없고 차별이 없음과 같이
자성을 버리지 않느니라
왜냐하면 허공 자성이 법에 응함이 있기 때문이니라
〈위 책, p.269〉

제223송
공덕의 해욕이 모두 다 청정하고
가장 극히 미묘하여 원만 구족하며
지혜의 광대함이 허공과 같아서
능히 불성인의 경계를 잘 관찰하느니라
〈위 책, p.274〉

제224송
증명된 바 보리가 허공과 같아서
변제가 없고 속박·집착한 바가 없으며
모든 세간에 널리 요익함을 지으니라
    〈위 책, p.274〉

제225송
일체법을 요달함이 공하여 소유함이 없어
제 행을 닦은 바가 법계를 따라 나며
허공과 같음이 무상하고 무형하여
법계에 깊이 들어가느니라
    〈위 책, p.276〉

제226송
일체 중생계가 불가사의함을 아는 연고며
미래가 무궁함을 아는 연고며
현재의 진허공 변법계가 무변함을 아는 연고며
일체 제불의 경계가 불가사의함을 아는 연고니라
    〈위 책, p.281〉

제227송
보살마하살도 또한 이와 같으니
중생계 법계 세계가 허공과 같아서 변제가 없으며
내지 일념 지경에
불가설 불찰 미진수의 부처 처소에 가느니라
    〈위 책, p.283〉

제228송

보살이 이같이 법계에 들어가
능히 그 몸을 나타내어
종종 색을 지어내니
선교결정색과 무유장애색과
허공명정색과 청정가락색과
이제진구색과 불가칭량색 등이니라
　　　〈위 책, p.311〉

제229 총지 송

불자야 무엇이 보살마하살의 허공과 같다는 인지인가
불자야 이 보살마하살이 일체 법계를 요달함이
허공과 같으니 써 상이 없는 연고며
일체 법이 허공과 같으니 일어남이 없는 연고며
일체 세계가 허공과 같으니 둘이 없는 연고며
일체중생행이 허공과 같으니 소행이 없는 연고며
일체 부처가 허공과 같으니 분별이 없는 연고며
일체 불력이 허공과 같으니 차별이 없는 연고며
일체 선정이 허공과 같으니 삼제가 평등한 연고며
설한 바 일체법이 허공과 같으니 언설이 불가한 연고며
일체 불신이 허공과 같으니 무착 무애한 연고니라
　보살이 이와 같이 '허공과 같다'는 방편으로 일체법을 요달함이 모두 소유가 없느니라.
　불자야, 보살마하살이 허공과 같다는 인지로 일체법을 요달할 때, 허공신 같은 신업을 얻으며 허공 같은 어업을 얻으며 허공 같은 의업을 얻나니,

비유컨대 허공이 일체법의 의지처라 불생 불몰인 것과 같아서
보살마하살도 또한 이와 같아서 일체 법신이 불생 불몰이며
비유컨대 허공을 파괴할 수 없음과 같아라
보살마하살이 또한 이와 같아서 지혜 제력을 파괴할 수가 없으며
비유컨대 허공이 일체 세간의 의지한 바로되 의지할 데가 없는 것 같아라
보살마하살도 또한 이와 같아서 일체 제법의 의지한 바로되 의지할 데가 없으며
비유컨대 허공이 무생 무멸하되 능히 일체 세간의 생멸을 유지하는 것과 같아라
보살마하살도 또한 이와 같아서 방향도 없고 얻음이 없으되 능히 방향과 얻음을 현시하여 널리 세간으로 하여금 청정을 수행하며
비유컨대 허공이 무방 무우하되 능히 무변한 방우를 현현함과 같아라
보살마하살도 또한 이와 같아서 업도 없고 보도 없으되 능히 종종 업보를 현시하며
비유컨대 허공이 행함이 없고 머무름이 없으되 종종 위의를 시현함과 같아라
보살마하살도 또한 이와 같아서 비행 비주로되 일체 제행을 능히 분별하며
비유컨대 허공이 색이 아니고 색 아님도 아니로되 능히 종종 제색을 시현함과 같아라
보살마하살도 또한 이와 같아서 세간색도 아니요 출세간색도 아니로되, 능히 일체 제색을 시현하며
비유컨대 허공이 오래지 않고 가깝지도 않되 능히 오래 머물러 일체물을 나타냄 같아라
보살마하살도 또한 이와 같아서 오래지 않고 가깝지도 않되 능히 오래 머물러 보살의 소행 제행을 현시하며

비유컨대 허공이 청정하지도 않고 더럽지도 않되 청정함과 더러움을 떠나지 않음과 같아라

보살마하살도 또한 이와 같아서 장애도 아니요 장애 없음도 아니로되, 장애와 장애 없음을 떠나지 않으며

비유컨대 허공이 일체 세간의 그 전사를 다 나타내되, 일체 세간의 전사를 나타내지 않음과 같아라

보살마하살도 또한 이와 같아서, 일체법이 모두 그 전사를 나타내되 일체 제법의 전사를 나타내지 않으며

비유컨대 하공이 널리 일체에 들어가되 변제가 없음과 같아라

보살마하살도 또한 이와 같아서 널리 제법에 들어가되 보살심은 변제 없으니

어찌된 연고뇨. 보살의 소작이 허공과 같은 연고니라. 소유 수습과 소유 엄정과 소유 성취가 모두 다 평등하여, 일체 일미며 일종 분량이라 허공이 청정하여 일체처에 편만한 것과 같아라

이처럼 일체 제법을 증명하여 일체법에 분별이 없으며, 일체 제불국토에 엄정하며, 일체 무소의 신에 원만하며,

일체 방향을 요달하여 미혹이 없으며 일체력을 갖추어 꺾어 부술 수 없으며 일체 무변의 공덕에 만족하여 일체 심심법처에 이미 도달하며 일체 바라밀도에 통달하여 일체 금강좌에 널리 앉으며, 일체 수류의 음성을 널리 발하여, 일체 세간을 위하여 법륜을 굴려서 일찍이 때를 놓치지 않느니라

〈위 책, p. 326-329〉

제230 종합 송

　허공 무변제신을 얻음이니 복덕장 무진함이 허공과 같은 연고니라
　무단 무진 법성 평등 변재신을 얻음이니 일체 법상을 아는 것이 오직 일상이라, 무성으로 성품을 삼는 것이 허공과 같은 연고며
　무량 무애 음성신을 얻음이니, 일체처에 장애되는 바가 없는 것이 허공과 같은 연고니라
　일체 선교 청정 보살행신이 구속함을 얻음이니, 일제처에 장애가 다 없음이 허공과 같은 연고니라
　일체 불법해 차제 상속신을 얻음이니 단절할 수 없음이 허공과 같은 연고니라
　일체 불찰 중 현무량 불찰신을 얻음이니 모든 탐착을 떠남이 허공 무변과 같은 연고니라
　일체 자재법 무휴식신이 시현한 것을 얻음이니 허공 대해가 무변제와 같은 연고니라
　일체 불가괴 견고 세력신을 얻음이니 허공과 같음이 일체 세간을 임지한 연고니라
　지근 명리가 금강 견고 불가괴신과 같음을 얻음이니 허공을 일체 겁화가 능히 태울 수 없음과 같은 연고니라
　일체 세간 역신을 얻음이니 지혜력이 허공과 같은 연고니라
　　　〈위 책, p.330〉

제231송
공인력을 성취함에 허공과 같이
다함이 없어서
경계가 허공과 같되
허공을 분별하지 않는도다
〈위 책, p.346〉

제232송
허공이 체성이 없되
또한 단멸치 않으며
종종 차별이 없으니
지력이 또한 이러하도다
〈위 책, p.346〉

제233송
허공은 초제가 없고
또한 중제와 후제도 없어라
그 양을 알 수가 없으니
보살지도 이와 같도다
〈위 책, p.346〉

제234송
이와 같이 법성을 관찰함이
일체 허공과 같아서
무생과 또한 부멸이
보살의 소득이로다
〈위 책, p.346-347〉

제235송
오직 한 방편으로
널리 중생 세간에 들어가니
이른 바 삼세법이
모두 허공성과 같음을 알겠도다
　　　　〈위 책, p.347〉

제236송
지혜와 음성
그리고 보살신이
그 성품이 허공과 같아서
일체가 다 적멸이로다
　　　　〈위 책, p.347〉

제237송
한 터럭 끝에 세계가 있어
그 수가 무량하여 말로 할 수 없으며
허공이 다하는 양의 모든 모단에
일일 세계가 모두 이와 같도다
　　　　〈위 책, p.355〉

제238송
허공 경계가 무변제인데
모단에 다 펴서 하여금 충만하여
이와 같은 모단의 제국토를
보살이 일념으로 다 능히 설하도다
　　　　〈위 책, p.362〉

제239송
일체의 제불이 허공계가 다한
무량 무수 종종 장엄의 일체 세계로 육종 진동하여
그 세계로 혹 들어가고 혹 내려지느니라
　　　〈위 책, p.398〉

제240송
허공계가 다하는 일체중생의
제취가 수신한 위의로 왕래하고
받은 바 종종의 음악 기구가 모두 다 구족하되
그중에 장애가 없도다
　　　〈위 책, p.400〉

제241송
그러나 일체 제법이 파괴되지 않나니
본성이 일어나지 않아서 허공과 같은 연고라
일체 제법이 다 모두 공적하여
업과가 없고 수습도 없으며 성취도 없고 출생도 없느니라
　　　〈위 책, p.405〉

제242송
비유컨대 허공이 일체 변법계 중 소유 세계를 널리 유지하되
노권함이 없는 것과 같아서
일체 제불이 한 모공에 제세계를 유지하는 것도
또한 이와 같으니라
　　　〈위 책, p.420-421〉

제243송
시방에 유행하여 진허공 일체세계에 들어가니
전제로부터 미래제가 다하도록
일체 제겁에 휴식이 없으되
불신이 손상되지 않고 노권하지 않느니라
〈위 책, p. 421〉

제244송
가사 어떤 사람이 허공에 가득한 일일 세계를
모든 모단으로 차례로 헤아린다 하더라도
제불이 능히 한 모단처에 결가부좌하여 미래겁이 다하니
한 모단처와 같이 일체 모단처도 다 이와 같으니라
〈위 책, p. 422〉

제245송
일체중생을 다 유지하고
허공에 가득 찬 일일 세계에 들어가
법계가 다하여 설사 나머지가 없으되
불신심은 일찍이 노권이 없느니라
〈위 책, p. 422〉

제246송
이와 같이 허공계가 다한 일일 모단 분량의 처소에
불찰 미진수 세계가 있거든
일일 세계 중에 염념하여 불찰 미진수 화신을 나타내고
일일 화신도 또 이와 같으니라
〈위 책, p. 423〉

제247송
이와 같이 마중이 허공에 편만하더라도
여래가 보기에 마음에 공포가 없어서
용색이 변치 않으며
움직이지도 않고 혼란하지도 않느니라
　　〈위 책, p.424〉

제248송
그 빛이 시방세계에 널리 비취거든
그중에 시현한 일체 여래가 도량에 앉으니
일체 지운이 허공 무량 법계에 충만하니라
　　〈위 책, p.436〉

제249송
무량 백천만 억 마니 보배 광명을 다 놓아서
일체 허공 법계에 충만하거든
그중에 무량 불찰을 시현하고
모두 여래의 결가부좌를 보느니라
　　〈위 책, p.440-441〉

제250송
보배 광명을 놓아 일체 허공 법계에 충만하고
그 가운데 정묘한 도량과 제불 보살의
장엄한 신상을 널리 나타내어
그 보는 자로 하여금 보는 바가 없게 하느니라
　　〈위 책, p.442〉

제251송
시방 일체 법계를 널리 비추고
그중에 제보살해를 널리 나타내되
여래 신력을 구족하지 않음이 없어
시방 진허공계 일체 찰망에 항상 노니느니라
　　　〈위 책, p.443〉

제252송
널리 나타난 일체 제불이 신통력으로
허공중에 법유 법등 법보를 널리 펴서
일체 제보살중을 교화하느니라
　　　〈위 책, p.447〉

제253송
허공에 가득 찬 마니보왕
향등 대염 청정 광명을 놓아
시방 일체 국토에 충만하거든
그중에 도량 중회를 널리 나타내느니라
　　　〈위 책, p.450〉

제254송
달빛 청정 광명을 항상 놓아서
허공 일체 세계에 충만하거든
대음성을 발하여
일체 제보살행을 탄미하느니라
　　　〈위 책, p.452〉

제255송
그 빛이 치성하여 중보색을 갖추어서
일체 허공 법계를 널리 비추거든
그중에 일체 제불이 유행 왕래하고
처처에 두루 퍼져 있음을 널리 나타내느니라
　　　〈위 책, p.455〉

제256송
불가사의 보염 광명을 놓아
시방 일체 법계와 허공 법계를 다 덮어서
일상으로 동일하되
능히 일체 제상을 출생하느니라
　　　〈위 책, p.456〉

제257송
일체 제 불국토가 허공에 머물러
보염으로 장엄하였거든
무량 보살이 그 가운데에
화현하느니라
　　　〈위 책, p.457〉

제258송
보해 청정 광명을 항상 놓아
허공에 충만하여
시방 일제 세계에
보급되느니라
　　　〈위 책, p.459〉

제259송
보배 광명을 놓아서
허공에 충만하거늘
그중에 일체 제불이 도량 마니보왕의 사자좌에
앉음을 시현하였느니라
　　　〈위 책, p.460〉

제260송
평등한 허공 법계 보리심을
버리지 아니하여
보리를 관찰하여 여래력에 들어가며
무애한 변재를 정근 수습하느니라
　　　〈위 책, p.478〉

제261송
보살 마하살이 십종 청정을 구족하니
선지식을 친근하는 청정과 제불법을 호지하는 청정과
허공계를 요달하는 청정과 법계에 깊이 들어가는 청정 등이니라
　　　〈위 책, p.478〉

제262송
보살 마하살이 십종 승묘심에 머무나니
일체 중생 상념 무소의지 승묘심과
구경 허공계에 머무는 승묘심과
무변법계에 머무는 승묘심과
일체 심밀한 불법계에 머무는 승묘심 등이니라
　　　〈위 책, p.478〉

제263송
보살이 항상 정념하고
사자의 묘법을 논의함에
청정하기 허공과 같으나
대방편을 일으키도다
　　　〈위 책, p.495〉

제264송
이와 같이 염착을 떠남에
신세가 모두 청정하여
깊음이 허공과 같아서
일체 생이 없도다
　　　〈위 책, p.496〉

제265송
그 빛이 시방 진허공 법계 일체 세계를
널리 비추어
우요하기를 삼잡이나 하며
여래 무량 자재를 현현하느니라
　　　〈위 책 제4책, p.5〉

제266송
허공 법계성이 평등함에
이미 능히 이와 같이 안주하되
일체중생의 무수량을
악을 멸하고 중구를 제거케 하도다
　　　〈위 책, p.6〉

제267송
여래가 구중에서 대광명을 놓으니
백 천억 아승지 광명으로 권속을 만들어
시방 진허공 등법계 일체 세계를 널리 비추어
우요하기를 십잡이나 하도다
　　　〈위 책, p.7〉

제268송
중생이 이미 듣고 대심을 발하여
의심이 다한 지혜 청정이 허공과 같으니
일체 국토 가운데 고루 퍼지니
제불이 장엄신을 나투었도다
　　　〈위 책, p.11〉

제269송
여래 법계 허공계 등 수승한 수명을 능히 이루어
궁진함이 없느니라
불자야 여래의 대비 일미의 물은
분별이 없도다
　　　〈위 책, p.19〉

제270송
허공에 의지하여 사 풍륜을 일으키어
능히 수륜을 유지하는 것과 같으니
무엇이 넷인가 일은 안주요 이는 상주요
삼은 구경이요 사는 견고니라
　　　〈위 책, p.20〉

제271송
육지의 중생은 육지 요익을 얻고 궁전의 중생은 궁전 요익을 얻으며
허공의 중생은 허공 요익을 얻는 것같이 여래의 출현도 이와 같아서
무량 중생을 종종 요익케 하느니라
〈위 책, p.21〉

제272송
무행과 무소행을 즉시 아나니
심의식을 떠나는 것을 아는 연고여
몸 없음을 즉시 아나니 허공과 같음을 아는 연고여
평등을 즉시 아나니 일체중생이 다 무아임을 아는 연고니라
〈위 책, p.22〉

제273송
심력의 대웅이 위없이 높으니
비유컨대 허공이 동등할 데 없음과 같으니
경계 광대함이 헤아릴 수 없으며
공덕이 제일이라 세간을 초월하도다
〈위 책, p.22〉

제274송
어떤 사람이 자를 가지고 허공을 계량하려 하고
다시 그 수량을 계산하려고 하는 것과 같이하되
허공의 변제는 헤아릴 수가 없으니
여래의 경계가 또한 이와 같으니라
〈위 책, p.23〉

제275송
법성은 작위가 없고 변역이 없어
비유컨대 허공과 같이 본래 청정하니
제불성의 청정도 또한 이와 같아서
불성이니 비성이니 유무를 떠났도다
　　　　〈위 책, p.24〉

제276송
제법성이 적멸하여
새가 허공을 날아도 자취가 없음과 같음을 요지하되
본원력으로 색신을 나타내므로
하여금 여래의 신변을 보게 되느니라
　　　　〈위 책, p.24〉

제277송
만약에 부처의 경계를 알고자 할진대
마땅히 그 뜻을 허공같이 청정히 할 것이니
망상과 제취를 멀리 떠나서
하여금 마음이 지향하는 바가 다 걸림 없어야 하느니라
　　　　〈위 책, p.24〉

제278송
오직 세계가 장차 이룩될 때에
청정한 허공이 대풍력을 부렸으니
여래의 출현도 또한 이 같아서
법우를 널리 내려 법계에 충만하도다
　　　　〈위 책, p.25〉

제279송
수륜이 바람에 의지하고 바람이 허공에 의존하되
그 허공이 의지한 바가 없으니
일체 불법이 자비에 의지하며
자비가 다시 방편에 의하여 문득 성립되나니라
　　　〈위 책, p.28〉

제280송
비유컨대 허공이 일체 색과 비색처에 두루 이르되
이른 것도 아니요 이르지 않은 것도 아니니
어찌된 연고뇨 허공은 무신인 연고인 것과 같이
여래신도 또한 이와 같아서 일체처에 두루하니라
　　　〈위 책, p.29〉

제281송
비유컨대 허공이 넓고 넓어서 색이 아니로되
능히 일체 제 색을 들어내나
그 허공은 분별이 없으니 또한 희론이 없는 것과 같이
여래신도 또한 이와 같아서
이 지혜 광명으로 널리 밝힌 연고로 일체중생이 모두 성취하되
여래신은 분별이 없으며 또한 희론도 없느니라
　　　〈위 책, p.29〉

제282송
해가 떠서 세상을 환하게 밝히고
초목을 성장시키고 곡식을 성숙시키며
허공을 확연히 열어젖히며
연화를 피워 내고 행자가 도를 보느니라
〈위 책, p.30〉

제283송
그 마음이 무량하여 시방에 두루한 연고며
소행이 걸림이 없어 허공과 같은 연고며
법계에 널리 들어간 연고며
진실제에 머무는 연고니라
〈위 책, p.38〉

제284송
비유컨대 허공이 시방에 두루하여
색과 비색과 유와 비유와
삼세 중생신 국토에
이 같이 두루해 있어 변재가 없음과 같아서
제불 진신도 또한 이와 같아서
일체 법계에 두루하지 않음이 없도다
〈위 책, p.38〉

제285송
비유컨대 허공은 취할 수가 없어라
널리 중생이 중업을 짓도록 하되
내가 지금 무엇을 짓는지
누구를 위하여 짓는지 생각지 않는 것과 같아서
제불의 신업도 또 이와 같으니라
〈위 책, p.39〉

제286송
비유컨대 청정한 달이 허공에 있어
능히 많은 별을 가리고 차고 기울임을 보이며
일체 수중에 그림자를 보이거든
모든 것을 보는데 다 앞에 대하는 것과 같아서
여래의 청정한 달도 또한 이와 같으니라
〈위 책, p.40〉

제287송
제 천자가 방일할 때에
허공중에서 소리가 나서 고언하되
너희들은 마땅히 알라
일체 욕락이 다 모두 무상하고 허망 전도하여
잠깐 사이에 변하고 부서지느니라
〈위 책, p.45〉

제288송
비유컨대 마나사 용왕이 장자 비를 내림에
갑자기 내리지 않고
먼저 큰 구름을 일으켜 허공을 다 덮고
칠 일을 머물러
모든 중생이 직무를 다 마친 후에 비 내리느니라
　　　〈위 책, p.48〉

제289송
여래 음성이 십종 무량이 있으니
이른바 허공계와 같이 무량하여
일체처에 이른 연고며
법계와 같이 무량하여
두루하지 않은 곳이 없는 연고니라
　　　〈위 책, p.55〉

제290송
비유컨대 허공이 일체물의
의지한 바가 되었으되
허공은 의지한 바가 없는 것과 같아서
여래의 지혜도 또한 이와 같으니라
　　　〈위 책, p.59〉

제291송
그중 소유 대천국토와 욕계 색계 무색계 중생계가
다 허공에 의지하여 생기하여 허공에 머무니
어찌된 연고뇨 허공이 널리 편만한 연고니라
비록 허공이 삼계를 보용하나 분별이 없는 것과 같아서
여래의 지혜도 또한 이와 같으니라
〈위 책, p.63-64〉

제292송
하방에서 정상에 이르러
욕계 색계 무색계가 일체 허공에 의지하되
허공은 분별하지 않으니
성문과 독각 보살 중 지혜가
모두 불지에 의지하되
부처의 지혜는 분별이 없느니라
〈위 책, p.71〉

제293송
일체 법경계와 일체 중생계와
진여 무차별 경계와 법계 무장애 경계와
실제 무변제 경계와 허공 무분량 경계와
무경계 경계가 바로 여래의 경계니라
〈위 책, p.73〉

제294송
비유컨대 새가 허공을 날음에
백년이 지나도 이미 경과한 곳과 경과치 않은 곳을
다 헤아릴 수 없으니
왜냐면 허공계가 무변제인 연고인 것과 같이
여래행도 또한 이와 같으니라
〈위 책, p.78〉

제295송
비유컨대 일월이 홀로 반려 없이
허공을 주행하여 중생을 이익케 하며
내가 어디서 와서 어디로 가는가
이런 생각을 아니하는 것과 같이
제불 여래도 또한 이와 같으니라
〈위 책, p.79〉

제296송
새가 억천 세를 비행하나
전후의 허공이 같아서 나눔이 없는 것 같아서
여러 겁에 여래행을 연설하되
이미 설한 것과 설하지 않은 것을 헤아릴 수가 없도다
〈위 책, p.80〉

제297송
비유컨대 허공은 일체 세계가 형성 궤멸해도
항상 증감이 없으니
어떤 연고뇨 허공은 무생인 연고인 것 같아서
제불 여래도 또한 이와 같으니라
　　　〈위 책, p.82〉

제298송
일체법을 요지하여 정각함이
둘이 없고 둘을 떠남이 다 평등하며
자성의 청정함이 허공과 같아서
나와 나 아닌 것을 분멸치 않느니라
　　　〈위 책, p.84-85〉

제299송
비유컨대 세계가 성패를 겪으나
허공은 증감하지 않는 것과 같아서
일체 제불이 세간에 나오나
보리 실상은 항상 형상이 없도다
　　　〈위 책, p.85〉

제300송
욕제와 비제를 떠나서 법륜을 굴리니
일체법에 들어감이 허공 제인 연고며
언설이 없이 법륜을 굴리니
일체법을 알기에 말로 할 수 없는 연고니라
　　　〈위 책, p.86〉

제301송
법계가 열반과 같아서
여래 열반도 또한 이와 같으며
허공이 열반과 같아서
여래 열반도 또한 이와 같으니라
〈위 책, p.89〉

제302송
여래가 무량 무애한 구경 법계와
허공계와 진여 법성과 무생 무멸과
실제 세계에 머물 건만은
제 중생을 위하여 수시로 시현하니라
〈위 책, p.92〉

제303송
이 사천하의 제도한 중생과 같아서
시방 백천억 나유타 무수 무량과 내지
불가설불가설 법계 허공 등
일체 세계 중에 제도한 중생도 또한 이와 같으니라
〈위 책, p.101〉

제304송
여래의 평등 해탈을 구족하며
증면이 없는 부처의 평등지를 증명하며
법계를 다하며
허공계를 대등하게 하도다
〈위 책, p.104〉

제305송
일체 제법에서 하나가 종종에 들어가고
종종이 하나로 들어감을 지혜 따라 깨닫고
일체 법계 광대함을 지혜 따라 깨닫고
일체 허공계의 구경을 지혜 따라 깨닫느니라
　　　　〈위 책, p.125〉

제306송
과거 일체불 차례를 알며
미래 일체불 차례를 알며
현재 시방 허공 법계 등 일체 제불의
국토 중회에 설법 조복을 아느니라
　　　　〈위 책, p.135〉

제307송
불가설불가설로 헤아릴 수 없는
구경 법계 허공계의 일체중생을
내가 마땅히 다 무상 교화 조복법으로 성숙케 하리라
결정코 이 마음을 내도다
　　　　〈위 책, p.137〉

제308송
일체법 구경의 무장애문에 교묘한 말이라
일체 허공계 일일밧처에 다 세계가 있으되
혹이 이루어지고 혹이 무너지느니라
　　　　〈위 책, p.141〉

제309송
일체 곳곳에 일념으로
일체중생을 위하여 성정각을 보임이
보살의 원림이니
법신이 진허공 일체 세계에 두루 퍼진 연고니라
　　　〈위 책, p.148〉

제310송
일체 불법과 일체중생과
일체 국토와 일체 세간과
일체 삼세와 일체 허공계와
일체 법계와 일체 언어 시설계 등
이런 종종 제법을 내가 일념상 지혜로 감당하리라
　　　〈위 책, p.159〉

제311송
일체 허공계의 무량 무애함을 알아서
시방 일체 차별 세계 망에
널리 들어가는 것이
제삼의 바다 같은 지혜니라
　　　〈위 책, p.165〉

제312송
내가 마땅히 그 겁이 다하도록
한 세계에 보살도를 행하여
중생을 교화하며 한 세계와 같이
진법계 허공계 일체 세계도 다 이와 같아서
마음이 놀라지도 않고 두렵지도 않으니라
〈위 책, p.174〉

제313송
신·어·의가 피권을 내지 않고
정법을 떠나지 않으니
진실어에 머무는 연고며
삼세로 동일체가 된 연고며
법계 허공계에 두루 퍼진 연고니라
〈위 책, p.178〉

제314송
무량 무변 광대심을 내며
일체법이 다 허공과 같다고 관찰하고
무량 무변 광대심을 내며
일체 보살 광대행을 관찰하느니라
〈위 책, p.182〉

제315송
오고 감이 없고 희론이 없고
모양과 체성이 없고 언설이 없어
허공 같은 경계에 머무르되
일체중생의 희론 경계와 무애 활용을
버리지 않느니라
〈위 책, p.189〉

제316송
일체의 세계를 설함이 허공과 같아서
중생으로 하여금
깨달아 거침없이 활용함을
다 얻게 하느니라
〈위 책, p.192〉

제317송
여래신에서 보살신이 나오고
보살신에서 여래신이 나오는 것이 보살경계요
허공계에서 세계가 나타나고
세계에서 허공계가 나타남이 보살 경계니라
〈위 책, p.194〉

제318송
양육자가 없으며 보가라가 없으며
오온 처를 떠나서 모든 견해를 영원히 벗어나
마음이 허공과 같아서
이와 같은 생각을 지었느니라
〈위 책, p. 196-197〉

제319송
일체 세계에 한 여래와 한 연화좌가
모두 다 두루 퍼져 있음을 알며
일체 세계가 다 허공과 같음을 알며
일체 세계가 부처의 장엄임을 아느니라
〈위 책, p. 214〉

제320송
무량심이 이 불법도를 출생함이니
한 생각에 일체 허공계를 두루하는 연고니라
수승행이 이 불법도를 출생함이니
수행의 근본을 잃지 않은 연고니라
〈위 책, p. 220〉

제321송
허공이 무량한 연고로
보살도도 또한 무량하며
법계가 무변한 연고로
보살도 역시 무변하니라
〈위 책, p. 224〉

제322송
일체법이 무아 무중생 무수명
무보가라 공 무상 무원하여
청정함이 허공과 같은 것이
무생법인의 대사자후니라
〈위 책, p.245〉

제323송
보살 마하살이 십종 청정한 보시가 있으니
삼륜이란 청정한 보시이니
베푸는 자와 받는 자와 시물이
정념으로 관찰하여
허공과 같은 연고니라
〈위 책, p.245-246〉

제324송
일체중생의 본성이 청정함을 보고
일체법이 모두 다 적멸함을 보고
일체 세계가 허공 청정혜와 같음을 보니
일체 형상이 다 걸림 없는 연고니라
〈위 책, p.250〉

제325송
세간에 걸림 없는 청정한 바니
대광명을 놓아 평등하게 보조하는 연고며
허공에 충만한 청정한 바니
중생을 구호하여 이르지 않는 곳이 없는 연고니라
　　　〈위 책, p. 250-251〉

제326송
이욕법이니 일체 탐욕을 다 끊은 연고며
무분별법이니 반연 분별이 여전히 그친 연고며
무생법이니 허공과 같이 움직이지 않는 연고며
무위법이니 생·주·멸 제상을 떠난 연고니라
　　　〈위 책, p. 254〉

제327송
또한 회한이 없고 그 마음이 광대하여 허공계와 같은 것이
이것이 보살의 복덕 조도구니
큰 지혜를 일으키어 대법을 증명한 연고니라
　　　〈위 책, p. 256〉

제328송
법이 청정함을 보는 연고로 국토가 청정함을 보며
국토가 청정함을 보는 연고로 허공이 청정함을 보며
허공이 청정함을 보는 연고로 법계가 청정함을 보느니라
　　　〈위 책, p. 258〉

제329송
만약에 마사가 일어나거든
능히 방편으로
허공계 등성을 나타내어
남을 해치지 않는 법을 설하느니라
　　　〈위 책, p. 265〉

제330송
비록 제국토가 모두 허공과 같음을 알으나
장엄한 일체 불찰을 항상 즐기며
비록 무인 무아를 항상 관찰하나
중생을 교화하여 피염이 없느니라
　　　〈위 책, p. 266〉

제331송
법계 허공계 일체 세계에 두루하여
제불을 공양하거든
그 세계 중 무량 중생이
이 공양을 보고
모두 야뇩다라삼먁삼보리심을 발하느니라
　　　〈위 책, p. 274〉

제332송
도량에 앉았을 때에
마음이 허공과 같아서
분별함이 없느니라
　　　〈위 책, p. 288〉

제333송
이 삼매력이 능히 그 몸으로
삼세 진허공계 일체 세계에 충만함이
아홉 번째 미증유 사이니라
　　　〈위 책, p.290〉

제334송
보살의 지혜심이
청정하기 허공과 같아서
성품이 없고 의지처가 없으니
일체를 얻을 수 없느니라
　　　〈위 책, p.303〉

제335송
그 마음이 항상 적멸하여
청정함이 허공과 같되
그 세계를 널리 장엄하여
일체중생에 보이느니라
　　　〈위 책, p.308〉

제336송
비록 일체처에 나지만
또한 수생에 머물지 않아서
그 몸이 허공과 같음을 알되
종종 마음을 따라 나타나느니라
　　　〈위 책, p.309〉

제337송
비유컨대 청정한 일월이 교교한 거울처럼 허공에 있어
중수에 그림자를 나타내되 물과 섞이지 않는 것과 같이
보살의 청정한 법륜도 마땅히 이와 같음을 알지니라
　　　〈위 책, p.315〉

제338송
중생심을 수승하여
진실도를 행하게 하니
몸과 말씀과 마음이
평등하기 허공과 같도다
　　　〈위 책, p.329〉

제339송
일체 세계의 미진도 다 그 수를 알 수 있고
일체 허공계도 한 모래로 헤아릴 수 있으며
본체 중생심도 염념으로 이를 알거니와
불자의 제 공덕은 말로는 다할 수 없도다
　　　〈위 책, p.331〉

제340송
청정한 변재가 무변제겁토록 궁진함이 없는 연고며
허공계와 같으니 지혜의 소행이 모두 청정한 연고며
허공지와 같으니 큰 광망으로 법계를 비추는 연고니라
　　　〈위 책, p.335〉

제341송
그 마음의 정적이 허공과 같으며
모든 불소에 의혹을 길이 끊으며
불지의 바다에 믿음 깊이 들어가니라
〈위 책, p. 336〉

제342송
대비로 몸을 삼고 대비로 법문하며
대비로 머리를 삼으며
이 대비법으로 방편을 삼아서
허공에 충만하여 사자빈신 삼매에 들어가니라
〈위 책, p. 338〉

제343송
서다림 위 허공중에
불가사의 천궁전운과 무수향수운과
불가설 수미산운과 불가설 기악운이
미묘 음을 내어 여래를 가찬하느니라
〈위 책, p. 340〉

제344송
보살이 위에 앉아 불공덕을 찬탄하며
불가설 제천왕 형상 마니보운과
불가설 우금강 견고주운 등이
모두 허공에 머물러서 주잡 편안하여 엄식하니라
〈위 책, p. 340〉

제345송
불국토가 청정 장엄함을 보아
시방 일체 진법계 허공계 일체 세계도
또한 이와 같이 보이느니라
　　〈위 책, p.341〉

제346송
보우 일체제천녀가 지보당번을 가지고
허공중에 오가는 구름을 주선함을 보이며
보우 일체중보연화가 어화엽간에
종종악음운을 자연히 일으킴을 보이느니라
　　〈위 책, p.341-342〉

제347송
천일체묘보 제장엄운이
허공에 충만하여 불소에 이르러
불족에 머리 대어 예경하느니라
　　〈위 책, p.342〉

제348송
장엄해 마니 의운이 허공에 충만하여
불소에 이르러 불족에
머리 대어 예경하니라
　　〈위 책, p.345〉

제349송
일체 모공 중에 등허공계 화염운과
향염운 등을 내되
일일이 모두 모공 중에서 나서
허공계에 두루함이라
불소에 이르러 불족에 머리 대어 예경하니라
　　〈위 책, p.347〉

제350송
일체 상호 일체 모공 일체 신분 등에
모두 삼세 일체여래형상운과 일체보살형상운 등을 내어
허공에 충만하여
불족에 머리 대어 예경하니라
　　〈위 책, p.348〉

제351송
일체중생 언사해 제법지를 얻으며
허공 법계에 소행이 걸림 없으며
항상한 지혜로 삼세를 요달하며
일체법이 허공과 같음을 아느리라
　　〈위 책, p.352〉

제352송
허공계와 같은 일체 불찰 중에
미래겁이 다하도록 여래 공덕 음성 법구를 연설 시현하며
허공계와 같은 일체 불찰 중에
여래 출세가 무량무변하여 정각문 법구를 이루며
허공계와 같은 일체 불찰을 연설하여 능히 시현하였느니라
　　〈위 책, p.380〉

제353송
일체 진법계 허공계 일체 불찰 일일 미진 중에
각기 일체 불찰 미진수 제불국토의
종종명과 종종색과 종종청정 등이
있음을 다 보았느니라
　　〈위 책, p.383〉

제354송
무엇이 종종 삼매인고
보장엄 법계 삼매와
무변 허공을 보조하는 삼매와
여래력에 들어가는 삼매 등이니라
　　〈위 책, p.386〉

제355송
일체 장엄구를 내어
허공계를 장엄한 삼매와
일체 여래가 허공에 머무는 것을 항상 보이는 삼매와
제법이 허공과 같아 주처가 없음을 관찰하는 삼매 등이니
이와 같은 불가설 불찰 미진수 삼매로
비로자나 여래 염념 충만 일체 법계 삼매신변해에 들어가느니라
〈위 책, p.389〉

제356송
향염과 중화와 보장과 일체장엄의 수묘운이
광대하기 허공과 같지 않음이 없어서
시방 제국토에 편만하였느니라
〈위 책, p.396〉

제357송
일심으로 부지런히 불일을 천명하는 주주신과
법계 일체 허공을 장엄하는 주공신과
중생을 보도하고 제유해를 초월하는 주해신이니라
〈위 책, p.401〉

제358송
일체지를 구하고 불법기를 이루며
그 마음 청정이 허공과 같아서
보리로 회향하며
장애되는 바가 없느니라
〈위 책, p.411〉

제359송
광대하고 지극히 청정하여
널리 중생과 더불어 즐기되
허공 법계와 같으니
나로 하여금 이 대승에 타게 하소서
　　〈위 책, p.417〉

제360송
신변에 머무는 염불문이니
불소에 자리한 광대 연화가
법계에 두루 피어난 연고며
허공에 머무는 염불문이니
여래 소유의 신운이
법계 허공계를 장엄하는 연고니라
　　〈위 책, p.425〉

제361송
제불의 방소문을 정념으로 관찰하며
제불의 궤칙문을 정념으로 관찰하며
제불등의 허공계문을 정념으로 관찰하느니라
　　〈위 책, p.426〉

제362송
무변심을 내니 허공계와 같음에
가지 못할 데가 없는 연고며
관박심을 내니 일체제여래를 다 보는 연고니라
　　〈위 책, p.428〉

제363송
법의 허공에 널리 들어가며
이 비구가 허공중에 왕래하며 경행하는 데에
무수 제천이 공경하여 둘러싸고 모든 천화를 뿌리며
다 각기 무수하여 허공에 편만하여 공양하고
제대 용왕이 허공중에 불가사의 침수향운을 일으키며
허공중에 둘러치니 허공에 편만하며
허공중에 합장 공양하고 허공중에 곡궁 합장하고
허공중에 공경 합장하여 넓은 서원을 발하니라
〈위 책, p.434-435〉

제364송
내가 이 신통력을 얻었으므로
허공중에 거닐거나 머무르며
다신을 나타내 담벽을 뚫는 것을
허공과 같이하며
허공중에서 결가부좌 하여
왕래 자재하기 새가 나르는 것 같이 하도다
〈위 책, p.438〉

제365송
불가사의 천신운과 불가사의 채녀운이
허공에 다 변만하여 장엄하고
일체 시방세계 제불 도량에 충마하니라
〈위 책, p.457〉

115

제366송
선지식자는 나의 안목이니
나로 하여금 부처가 허공과 같다고
보게 하는 연고니라
   〈위 책, p.470〉

제367송
백만 천자가 흔쾌히 우러르며 머리 대어 예경하고
백만 채녀가 허공중에 몸을 던져 내려오고
백만 보살이 공경 친근하여
법문 듣기를 항상 즐기느니라
   〈위 책, p.473〉

제368송
이런 생각을 지을 때에 십천의 범천이 허공중에 있어
이와 같은 말을 하되
선남자야 이런 생각을 하지 말며
이런 생각을 하지 말라 하니라
   〈위 책, p.490〉

제369송
다시 십천 제마가 허공중에 있어
천마니보로 바라문 위에 뿌리고
선재동자에게 일러 말하니라
   〈위 책, p.491〉

제370송
다시 십천 자재천왕이 허공중에
각기 천화를 뿌리고
이와 같은 말을 하니라
　　〈위 책, p.491〉

제371송
다시 화락천왕이 허공중에 있어
천의 음악을 지어서 공경 공양하고
이와 같은 말을 하니라
　　〈위 책, p.492〉

제372송
다시 십천 도솔천왕과 천자 천녀 무량 권속이
허공중에 있어
중묘향을 내리어 공경 정례하고
이와 같은 말을 하니라
　　〈위 책, p.492〉

제373송
다시 십천 용왕 등이 허공중에
흑천단향을 내리며
무량 용녀가 하늘 음악을 연주하며
공경 공양하고 이와 같은 말을 하니라
　　〈위 책, p.493〉

제374송
다시 십천 야차왕이 허공중에
종종 공양구로 이 바라문과
선재동자에게 공경 공양하고
이와 같은 말을 하니라
　　〈위 책, p.494〉

제375송
다시 십천 건달파왕이 허공중에
이와 같은 말을 하되
선남자야, 이 바라문이 오열로 몸을 지질 때
그 불의 광명이 내 궁전을 비추었노니라
　　〈위 책, p.494〉

제376송
다시 아수라왕이 대해를 따라 나와서
허공에 머물러서 우슬을 돌려 합장 예배하고
이와 같은 말을 하되
선남자야, 이 바라문이 오열로 몸을 지질 때
아수라의 궁전과 대해 대지가 다 진동하였느니라
　　〈위 책, p.494-495〉

제377송
다시 십천 가루라왕이 허공중에
이와 같은 말을 소리치되
선남자야, 이 바라문이 오열로 몸을 지질 때
그 불의 광명이 내 궁전을 비추니
일체 진동하여 모두 두려워하니라
　　　〈위 책, p.495〉

제378송
다시 십천 진나라왕이 허공중에서 이와 같은 말을 소리치되
선남자야 이 바라문이 오열로 몸을 지질 때
우리들의 궁전에 제 다라수 등이
자연히 불성 법성 등을 내느니라
　　　〈위 책, p.496〉

제379송
다시 무량 욕계 제천이 허공중에
이 묘한 공구로 공경 공양하고
이와 같은 말을 소리치되
선남자야 이 바라문이 오열로 몸을 지질 때
그 불의 광명이 아비 등 일체 지옥을 비추었느니라
　　　〈위 책, p.496〉

제380송
제보살마하살은 그 마음이 광대하여 허공계 같으며
법계에 들어가서
혜심이 광대하여 허공과 같으며
일체 경계가 모두 다 밝게 보이느니라
　　　〈위 책, p.505〉

제381호
부동장 지신이 제 보장을 나타내며
보광명 허공신이 허공을 장엄하며
성취덕해신이 마니보를 내리느니라
　　　〈위 책, p.507〉

제382송
천룡 건달바 등이 있어 허공중에
선재에게 고하여 말하되
선남자야 지금 이 동자가
하저 위에 있느니라
　　　〈위 책, p.512〉

제383송
선지식의 가르침은 대용왕과 같아서
허공중에 유희함이 자재하며
선지식의 가르침은 수미산과 같아서
무량 선범 삼십삼천이 그중에 머무느니라
　　　〈위 책, p.516〉

제384송
선재동자가 무진 장엄 복덕장 해탈 광명을 얻으니
그 복덕 대해를 사유하며
그 복덕 허공을 관찰하느니라
　　　〈위 책, p.522〉

제385송
거사가 대중이 많이 모임을 알고 잠시 생각하여
허공을 우러러보고 잠시 후
다 허공을 따라 내려가서
일체 중회가 널려 다 만족한 연후에
다시 종종법을 설하였느니라
　　　〈위 책, p.526〉

제386송
또한 대운과 같아서 능히 법뢰를
진동하여 중생을 깨닫게 하며
또한 허공과 같아서 종종 법문 성상을 나타내느니라
　　　〈위 책, p.545〉

제387송
이와 같은 제천왕이 상수가 되어
허공중에 여러 기악을 지으며
무수 천녀가 노래 불러 찬탄하여
무수 보번운이 허공중에 장엄하여
그 왕에게 공양하느니라
　　　〈위 책, p.550〉

제388송
내가 누상에서 성수를 우러러보다가
허공중에 그 여래가 보산왕같이 보이어
무장 무변 천룡 팔부 제보살중이 다 같이 위요하여
불신이 대광명망을 널리 놓아 시방에 널리 퍼지니라
　　　〈위 책, p.557〉

제389호
일륜이 허공에 출현하여
애수니를 비쳐 마르게 하며
또한 만월이 허공에 출현하여
가화자로 마음의 꽃을 피움과 같으며
일체 선법의 뿌리와 싹을 증장시키는 것과 같으니라
　　　〈위 책, p.562〉

제390송
지신이 광대하여 삼세에 널리 들어가며
경계가 무제하여 허공과 같으니
내가 어찌 그 공덕행을 능히 알고 설하리요
　　　〈위 책 제5책, p.22〉

제391송
무량한 광명이 형상에 영철하며
종종 보화가 그 땅에 산포하여
제천의 음악이 동시에 함께 연주되며
일체 제천이 허공에 충만하니라
　　　〈위 책, p.38〉

제392송
제불은 상견하여 대환희를 내며
지혜 청정함이 허공과 같으며
여래 지혜 광명에 안주하도다
　　　〈위 책, p. 44〉

제393송
그 야신이 허공중에 보루각
향연 화장 사자좌에 처한 것을 보니 몸이 진금색이고
눈과 머리털이 감청색이로되
모양이 단엄하도다
　　　〈위 책, p. 56〉

제394송
내 복이 심히 광대하여
허공같이 다함이 없으니
제여래들 공양하고 일체중생을
요익케 하느니라
　　　〈위 책, p. 65-66〉

제395송
일만 주야신이 함께 허공중에 머물러
부처의 홍세를 찬탄하며
동시에 나를 깨닫게 하니라
　　　〈위 책, p. 97〉

제396송
보현보살이 그 윤왕의 보궁전 상 허공에 머물러서
고하여 말씀하되
대왕아, 마땅히 알라
지금 그대 나라 중에 부처가 세상에 일어났느니라
　　　〈위 책, p.127〉

제397송
전륜왕이 그 보녀와 천자 권속 등으로
전후 위요하여 그 왕의 신력으로
함께 허공에 오르니
그 높이가 일유순이라
큰 광명을 놓으니라
　　　〈위 책, p.129〉

제398송
장엄구가 허공중에 보개로 변성하여
보망이 내려오거든
용왕이 이를 잡으며 일체 궁전이 중간에
나열하였느니라
　　　〈위 책, p.130-131〉

제399송
이 종종 문으로 일체지를 취하여
허공 법계를 종종 장엄하며
종종 장엄운으로 허공을 두루 덮으며
종종 도량 중회를 관찰하니라
　　　〈위 책, p.152〉

제400송
내가 옛날 겁해에서
큰 신심을 내고 마음을 즐길 새
청정함이 허공과 같아서
항상 일체지를 관찰하도다
　　　〈위 책, p.165〉

제401송
왕비구가 말씀하되 설법을 마치고
허공으로 오르되 높이가 칠다라수나 되어
몸이 무량 제색 염운을 넘어 서느니라
　　　〈위 책, p.175〉

제402송
보살의 해탈은 심히 보기 어려우니
허공은 여여하여 평등상이라
무변법계 내에 일체 삼세 제여래가 널리 보이는도다
　　　〈위 책, p.182〉

제403송
내가 그 여래신을 잠간 보고
즉시 보리의 광대심을 발하여
일체지 근구하기를 서원하니
성품과 법계가 허공과 같도다
〈위 책, p. 183〉

제404송
법성이 허공과 같음을 요달하여
삼세가 다 무애함에 널리 들어가서
반연 일체경에 염념하되
마음 마음은 제분별을 길이 끊도다
〈위 책, p. 184〉

제405송
천신의 마음이 청정하기는 허공과 같아서
일체 제번뇌를 널리 떠나며
삼세 무량찰에 제불 보살과 중생을 알아차리도다
〈위 책, p. 185〉

제406송
보살력을 얻어서 큰 신변을 나타내여
법계 허공계를 두루하여
일체중생 앞에 일체의 자생지물을 내리도다
〈위 책, p. 189〉

제407송
염념에 일체 법계에 널리 들어가며
염념에 허공계를 모두 다 덮으며
염념에 일체 삼세에 널리 들어가니라
　　　〈위 책, p.190〉

제408송
마음이 청정하여 분별이 없기는
태허공과 같으며
지혜의 등불은 모든 어둠을 파함이 그 경계로다
　　　〈위 책, p.194〉

제409송
뭇 보화를 흩고 모든 묘향을 피워
모든 보등을 밝히며
일체 향운이 허공에 충만하여
무량한 보수가 차례로 행렬하니라
　　　〈위 책, p.201〉

제410송
일체 집착을 떠나서
일체 세간의 경계에 물들지 않으며
모든 법성을 아는 것이 허공과 같아서
빌러 오는 자에게 아아들 같은 생각을 내며
부모 같은 생각을 내느니라
　　　〈위 책, p.204〉

제411송
숙세의 선근이 그 마음을 윤택하게 흘려서
청정하고 광대하기가 허공과 같으며
중생과 같이 편안하고
제불을 항상 뵙고 일체지를 구하니라
　　　〈위 책, p. 205〉

제412송
보장이 다 용출하고
보수가 묘의를 내며
천악이 미성으로 연주하며
허공중에 충만하니라
　　　〈위 책, p. 213〉

제413송
그 야신이 대중 중에 있어
중생을 이익케 하는 무절신을 나타내며
허공을 상유하는 이익신을 나타내니라
　　　〈위 책, p. 219〉

제414송
힘과 같음이나
일체지를 구하여 불퇴진한 연고며
두렵지 않음과 같음이니
그 마음이 청정하여 허공과 같은 연고니라
　　　〈위 책, p. 221〉

제415송
내가 선지식을 생각함이
바로 이 불공덕장이라
허공 공덕해를 염념으로 능히 출생하느니라
〈위 책, p. 226〉

제416송
야신이 고하여 말하되
무량색신을 항상 시현하니
허공 같은 청정심 소생 색신과
허공 같은 정광명 색신 등
이와 같은 색상신을 나타내어
시방에 충만하니라
〈위 책, p. 227-228〉

제417송
태허공과 같은 일체 세계가
그중에 성괴가 있으되
분별이 없어서
본성이 청정하고 무염 무란하니라
〈위 책, p. 232〉

제418송
보살마하살도 이와 같아서
허공계와 같은 광대한 신심으로
대원 풍륜을 일으키어 제중생을 섭수하여
악도에서 떠나게 하느니라
〈위 책, p. 232〉

제419송
불가사의 한 부처의 자재력을 나타내어
일체 허공 법계에 충만하여
제중생 심행해 중에 법륜을 굴리느니라
〈위 책, p. 256〉

제420송
법문을 들음에 실증이 없이 즐겨 관찰하고
널리 삼세에 장애가 없어서
몸과 마음의 청정이 허공과 같으니
이 명칭자가 수생장이로다
〈위 책, p. 257〉

제421송
일체 가루라왕이 보증번을 내리어
허공에 변만하며
일체 긴나라왕이 환희 섬앙하여
보살 공덕을 가영 찬탄하였느니라
〈위 책, p. 265〉

제422송
보살이 탄생하시니 허공중에
청정한 일월이 나타남과 같으며
고산의 머리에 경운이 일어난 것과
같았느니라
　　　〈위 책, p.265〉

제423송
그대들이 세간에 의지하지 않고
집착함이 없어서
그 마음이 널리 걸림이 없어
청정함이 허공과 같도다
　　　〈위 책, p.276〉

제424송
그대들이 세간을 떠나지 않으며
또한 세간에 집착하지 아니하며
행세함에 걸림 없음이
바람이 허공에서 노니는 것과 같으리라
　　　〈위 책, p.277〉

제425송
승해의 광대함이 허공과 같아서
일체 삼세가 다 그중에 들어가며
국토 중생 부처가 다하나니
이것이 넓은 지혜의 광명행이니라
　　　〈위 책, p.280〉

제426송
제보살의 평등 삼매에 머무르나
항상 일체 제불이 현견함을 얻으며
일체 여래가 허공 같은 묘음성운으로
정법륜을 연설함에 모두 능히 청수하니라
〈위 책, p.311〉

제427송
보살 보현 해탈문이 태허공과 같으며
중생명과 같으며 삼세해와 같으며
시방해와 같으며 법계해와 같으니라
〈위 책, p.314〉

제428송
제범성이 무성으로 성을 삼음을 알며
중생성이 허공성과 같아서 분별이 없음을 알며
부처의 신력이 여여와 같아서 일체처에 두루함을 아느니라
〈위 책, p.316〉

제429송
신 아닌 심신이 허공과 같아서
소행이 무애하야 제 세안을 초월하니
오직 이것이 보현의 정목 소견이니라
〈위 책, p.323〉

제430송
주성신이 있으니 이름이 보안이라
그 권속이 위요하여
허공중에 그 몸을 나타내어
종종 묘물로 엄식하느니라
 〈위 책, p.323〉

제431송
무량 제신이 전후에 위요하여 도량으로부터 나와서
허공중에 머물러서
선재 앞에 묘한 유성으로
마야부인을 종종 칭탄하도다
 〈위 책, p.325〉

제432송
제불의 허공 경계를 행하며 중생을 보섭하여
각기 그 마음을 따라 교화를 성취하여
부처의 무량 청정 법신에 들어가느니라
 〈위 책, p.332〉

제433송
내 몸이 이때에 수량이 허공과 같아서
시방 보살을 능히 다 수용하고
수생하여 제 궁전을 장엄한 연고니라
 〈위 책, p.335〉

제434송
그 마음이 시방 찰망에 널리 들어가며
그 원함이 허공 법계에 널리 퍼져서
삼세가 평등하여 휴식이 없느니라
　　　〈위 책, p.372〉

제435송
다 위에 설한 것과 같이 존중 예찬하여
미래제가 다하도록 휴식이 없으니
허공과 같아서 변량이 없는 연고며
법계와 같아서 장애가 없는 연고니라
　　　〈위 책, p.373〉

제436송
지혜의 광대함이 허공과 같아서
삼세 일체법을 널리 아는 것이
걸림 없고 의지 없고 소취 없어서
모든 존재의 주처임을 요달하였도다
　　　〈위 책, p.380〉

제437송
비유컨대 일월이 허공에 있어
일체 세간을 비추지 않음이 없는 것 같이
지혜 광명이 또한 이 같아서
이것이 세간의 주처를 밝히도다
　　　〈위 책, p.382〉

제438송
제법이 의지가 없음을 요지하여
본성의 적멸이 허공과 같다 하고
이와 같은 경계 가운데 항상 행하면
이것이 이구한 사람의 주처로다
　　　〈위 책, p. 384〉

제439송
소행에 동란이 없으며
소행에 염착이 없는 것이
새가 허공을 나르는 것과 같아서
이 묘용을 마땅히 이루도다
　　　〈위 책, p. 401〉

제440송
보살의 행함이 바다와 같으며
부처의 지혜가 허공과 같거늘
그대들이 원함도 또한 같으니
응당 큰 혼경을 내리로다
　　　〈위 책, p. 402〉

제441송
보리심자는 허공과 같으니
모든 묘공덕이 넓어서 가없는 연고며
보리심자는 연화와 같아서
일체 세간법에 물들지 않는 연고니라
　　　〈위 책, p. 417〉

제442송
이 향을 태움에 왕의 사종병이
다 허공에 오름과 같아서
보살마하살의 보리심향도 이와 같아서
이 뜻을 발한 즉시 보살의 일체 선근으로
삼계를 길이 벗어나느니라
　　　〈위 책, p.441〉

제443송
그 누각이 광박하기 무량하여 허공과 같으니
아승지 보배로 대지를 삼으며
아승지 궁전 등이 모두 칠보로 이루어졌느니라
　　　〈위 책, p.446〉

제444송
무량 백천 모든 묘한 누각이 있어
일일 엄식이 다 위에 설한 것과 같고
광박하고 엄려함이 다 허공과 같아서
서로 장애 되지 않고 또한 잡란함이 없더라
　　　〈위 책, p.447〉

제445송
비유컨대 어떤 사람이 허공중에서
건달바 성이 장엄 구족함을 보고
다 분별하여 알고
장애가 없는 것과 같으니라
　　　〈위 책, p.461〉

제446송
이 금강장 보리장 비로자나 여래 사자좌전
일체 보련화장 좌상에 바로 앉아서
허공계와 같은 광대심을 일으키고
일체 세계를 버리고 일체 집착을 떠난 무애심을 취하니라
　　〈위 책, p.471〉

제447송
보현신의 일일 모공에 일체 세계 미진수 광명운을 내어
법계 허공계 일체 세계에 두루 펴서
일체중생의 고환을 제멸하니라
　　〈위 책, p.474-475〉

제448송
일일 모공에 염념 중 일체 불찰 미진수 보살신운을 일으켜
법계와 허공계에 두루 펴서
종종 제불의 명호를 친양하며
중생으로 하여금 선근을 증상하며
법계 허공계 일체 불찰에 두루 펴서
일체 불찰 일일 찰 중에 일체 보살 원해를 선양하니라
　　〈위 책, p.477〉

제449송
종종 큰 산이 둘러싸
종종 색운이 허공을 덮고
종종 부처가 일어나서 종종 법문을 연설하니라
　　〈위 책, p.484〉

제450송
출세 조유한 수승 장부가
그 마음 청정하기가 허공과 같아서
항상 지일의 대광명을 놓아
널리 중생으로 하여금
어리석음을 없애게 하느니라
〈위 책, p. 487〉

제451송
불지의 광대함이 허공과 같아서
일체 중생심에 널리 두루 펴져서
세간의 제 망상을 다 버리고
종종 다른 분별을 일으키지 않도다
〈위 책, p. 488〉

제452송
제법이 무아요 무상하며
업성이 일지도 않고 잃지도 않아서
일체 멀리 떠남이 허공과 같음을
부처가 방편으로 분별하도다
〈위 책, p. 495〉

제453송
열반과 적정이 다르지 않으나
지행의 우열은 차별이 있으니
비유컨대 허공의 체성이 하나지만
새가 나는 멀고 가깝기는 각기 다르도다
　　〈위 책, p.497〉

제454송
불체의 음성이 또한 이와 같아서
일체 허공계에 널리 두루 펴지나
제 중생의 심지에 따라 달라서
듣는 바와 보는 바가 각기 차별이 있도다
　　〈위 책, p.498〉

제455송
청정한 공덕지를 구족하여
삼세 간에 항상 수순하니
비유컨대 허공이 염착하지 않으나
중생을 위하여 출현함과 같도다
　　〈위 책, p.498〉

제456송
생·노·병·사의 고통이 있음을 보이며
또한 세상 목숨에 머묾을 보이니
세간에 수순함이 비록 이와 같으나
체성의 청정은 허공과 같도다
　　〈위 책, p.498〉

제457송
구경에 허공 시방세계에
소유 인·천·대중 중에
그 형상을 따라 각기 같지 않으니
부처의 형신이 또 이와 같도다
　　　　〈위 책, p.499〉

제458송
비유컨대 청정한 달이 허공에 있어
세간의 중생이 그 증감을 보게 하며
일체 강과 연못에 영상을 나타냄에
소유한 성숙이 그 광색을 뺏는 것과 같으니라
　　　　〈위 책, p.501〉

제459송
허공 진여와 실제 열반과 적멸 등이 모두 대등함이여
오직 이와 같은 진실법만 있어
가히 여래로 나타나 보이도다
　　　　〈위 책, p.503〉

제460송
이 세계의 미진의 수를 심념으로 가히 헤아릴 수 있고
대해 중의 물을 다 마실 수 있으며
허공도 그 바람이 부는 것을 계량할 수 있더라도
불공덕을 다 말하기는 능히 할 수 없도다
　　　　〈위 책, p.503〉

제461송
예경 제불이라 말하는 것은
소유 진법계 허공계 시방 삼세 일체 불찰 극미진수 제불 세존을
내 보현행원력으로 심심 신해하여
목전에 대하는 것과 같이 하고
모두 청정한 신·어·의업으로 항상 예경을 닦느니라
  〈위 책, p.505-506〉

제462송
칭찬 여래하고 말하는 것은
소유 진법계 허공계 시방 삼세 일체 찰토
소유 극미 일일 진 중에
일체 여래 제공덕해를 찬양 찬탄하되
이와 같은 허공계가 다하면
내 칭찬이 다하거니와
허공계와 내지 번뇌가 다 함이 없으므로
내 칭찬도 궁진이 없느니라
  〈위 책, p.506-507〉

제463송
광수공양이라 말하는 것은
소유 진법계 허공계 시방 삼세 일체 불찰 극미진 중에
일일 각기 일체 세계 극미진수 부처가 있으며
일일 불소에 종종 보살해회가 둘러싸고 있거든
내가 보현행원력으로 공양하니라
  〈위 책, p.507〉

제464송
이 광대하고 최승한 공양은
허공계가 다하고 중생계 등이 다하면
내 공양도 다하거니와
허공계와 내지 번뇌가 다할 수 없으므로
내 공양도 다함이 없느니라
〈위 책, p.508〉

제465송
만약 이 악업이 체상이 있는 것이라면
허공계가 다 해도 능히 수용할 수 없으리니
선심으로 참회한 후에 다시 짓지 않아서
항상 정계 일체 공덕에 머무니
이와 같은 허공계가 다하며 중생계 등이 다하면
내 참회도 다하거니와
허공계 내지 중생 번뇌가 다할 수 없으므로
내 참회도 궁진이 없느니라
〈위 책, p.509〉

제466송
수희공덕이라 말하는 것은
소유 무진 법계 허공계
시방 삼세 일체 불찰 극미진수 제불 여래가
초발심을 따라
일체지를 위하여 복취를 근수하며
신명을 아끼지 않느니라
〈위 책, p.509〉

제467송
광대한 공덕을 내가 다 수회하니
이와 같이 허공계가 다하며
중생계가 다하며 중생 업이 다하며
중생 번뇌가 다하더라도
나의 이 수희는 궁진이 없느니라
　　　〈위 책, p. 510〉

제468송
청정 법륜이라 말하는 것은
소유 진법계 허공계 시방 삼세 일체 불찰 극미진 중에
일일 각기 무수 불찰이 있으며
무수 제불이 정각을 이루어 묘한 법륜을 굴리니
이와 같은 허공계가 다하며 중생계 등이 다하여도
나는 항상 일체 제불을 권청하여
법륜을 굴림에 궁진함이 없으리로다
　　　〈위 책, p. 510-511〉

제469송
청불주세라고 말하는 것은
소유 진법계 허공계 시방 삼세 일체 불찰 극미진수
제불 여래가 장차 반열반을 시현하려 하면
내가 모두 권청하여 열반에 들지 않게 하리라
이와 같은 허공계가 다하며 중생계 등이 다하여도
나의 이 권청은 궁진이 없으리라
　　　〈위 책, p. 511〉

제470송
비로자나불이 지금 세존 같아서
이와 같은 진법계 허공계 시방 삼세 일체 불찰 소유 진문 일체 여래도
모두 이와 같거든
염념 중에 내가 상수 불학하니 이와 같은 허공계가 다하며 중생계가 다하여도
나의 수학은 궁진함이 없느니라
　　　〈위 책, p.512〉

제471송
항순 중생이라 말하는 것은
진법계 허공계 시방 찰해 소유 중생의
종종 차별이니
내가 다 그들에게 수순하여 굴리며
종종 섬기고 종종 공양하느니라
　　　〈위 책, p.513〉

제472송
보살이 이와 같이 중생에 수순하여
허공계가 다하며
중생계가 다하며
중생 업이 다하며
중생 번뇌가 다하더라도
나의 이 수순은 궁진이 없으니
염념 상속하니라
　　　〈위 책, p.514〉

제473송
보개 회향이라 말하는 것은
처음에는 예배하고 내지 수순하며
소유 공덕을 다 모두 진법계 허공계 일체중생에게 회향하여
중생이 항상 안락을 얻어서 병고가 없도록 기원하며
보살의 이와 같은 회향을 닦음이
허공계가 다하고 중생계 등이 다하여도 나의 이 회향은 궁진함이 없도다
〈위 책, p.515〉

○ **총결 3송**
가장 지극한 청정은 바로 허공이니
마음 또한 청정하여 허공 같아서
연꽃과 같이 세간에 물들지 않느니라

허공이 안과 밖이 없으니
심법이 또한 이와 같아라
허공을 제대로 알면
이것이 바로 진여 이치에 이름이로다

마음이 허공과 같아서
안온하고 쾌락하니
이것이 바로 행복이니라

인문학은 행복학이다

사재동 지음

II. 잡문을 쓰면서

1. 시라고 지으면서

나는 시인이 아니다

나는 시인이 아니다.
그래서 나는 시를 좋아한다.
시인보다도 시를 더 좋아한다.
지금은 돌아가신 어머님같이
누가 나에게
당신이 무슨 시를 아느냐고
대든다면
나는 소리 높여 말할 것이다.
이 푸른 5월
쑥밭이 싱그러운 계절에
쑥절편을 못 만드는 여편네도
남이 좋게 만든 그 떡의 맛을 제대로 아는 법
나는 시의 멋을 안다.
나는 시를 좋아한다.
시인보다 더 좋아한다.
나는 시를 대하면 소녀가 된다.

쑥떡

쑥떡을 못 만드는 여편네도
그 떡 맛은 안다.
이 미련한 여편네야
그 떡을 만들어 보라.
머리를 쥐어짜고
가슴을 태우고
혀를 깨물고
손가락을 자르더라도
쑥떡을 만들어야 한다.
목숨을 걸고
아이를 내지르듯이
아름답지 않아도 좋다.
고상하지 않아도 좋다.
그저 진실하면 그만이다.

시에 대하여

시는 작은 그릇 속에
큰 것을 담아서 넉넉하다.
시는 미녀의 알몸을
비단으로 감싸서 아름답다.
시는 누가 알든 모르든
아무런 설명이 없어 절실하다.
시는 복잡한 머리를 자르고
가슴으로 다가와 울린다.
시는 그림을 그리고
음악으로 들어와 생생하다.
아아, 시는 어리고 순진하여
진실로 피어나 더욱 깨끗하다.

자연으로

시는 바다 같이 깊은 시심을
멈출 수 없는
열정으로 빚어 올리는 연화봉인가.
시는 꽃이 피듯이
자연으로 피어난다.
시는 강물이 흐르듯이
자연으로 흘러간다.
시는 밤하늘에 별이 뜨듯이
자연으로 얼굴을 내민다.
그제서야
시는 허공의 달처럼
연화봉에서 빛난다.

II. 잡문을 쓰면서

2. 허공에 살면서

허공 I

허공을
감히 누가 텅 비었다고
아무것도 아니라고
하찮은 것이라고
입을 놀리는가.
그 무지한 죄업은
흑암지옥에 떨어지고
무간지옥에 처박혀도
풀리지 않으리니.
이다지 어리석은 중생이여
허공이 하늘인 줄 알면서
허공이 자연한 큰 생명체
광대 적정, 불생불멸의
위대한 원동력
그 권능인 것을 모르는가.
허공은 모든 생명의 원천이니
모든 생명은 허공으로 돌아간다.
잠시 숨을 멈춰보라.
당장에 목숨을 잃을지니
오직 이 호흡을 통하여
나고 살고 늙고 죽고 하나니
전지전능을 넘어서
불가사의로다.

세상 만유의 모든 일이 허공의
조화로 이루어지나니
무어라 이름하고
무어라 부르며
무어라 찬탄하리.
그냥 믿어라.
오직 믿을 뿐이다.
다만 침묵할 따름이다.
그것이 깨달음이요,
그것이 잘 사는 길이요,
영원한 희망이요,
행복이요 영광이니라.
사유의 행복
인간 승리의 금자탑
만방에 만발한 연꽃의 세상

허공 II

나는 허공의 자식이다.
알고 보니
나도 허공이다.
그리고 보니
내가 어디 있느냐
허공일 뿐이다.
그러니 욕심이 어디 있느냐
성냄이 어디 있느냐
어리석음이 어디 있느냐
모두가 허공이로다.
허공으로부터 받은 목숨
허공으로 살다가
허공으로 돌아가리.
허공 청정이로다.

허공Ⅲ

허공은 텅 비었기에
모든 것을 다 거느린다.
텅 빈 충만이라더니
모든 것을 다 만든다.
목숨을 준다.
만물이 이를 숨 쉬며
사니까
죽으면
다 허공으로 돌아간다.
아, 허공은
모든 목숨의 근원이요
돌아가는 이유다.
당신은 진정
전지전능을 넘어서는
광대무변 무궁무진 무소불능 불가설불가설
불가사의로다.

허공 IV

이 첨단의 세상
날며 온갖 재주를 부리는
모든 것들이여
제발 오만하지 말라.
그대들 허공이 아니면
어찌 날랴.
어찌 힘을 쓰랴.
허공은 모든 것을 갖추어
목숨을 주고
힘을 주고
날게 하고
재주 부리게 하나니
아, 허공은
만능의 어버이로다.

허공 V

만능의 무선 통신들이여
무량한 무선 정보들이여
그 무궁무진한 신기의 위력이여
이 모든 것이 세상을 지배하고 오만을 부린다.
까불지 말라.
그대들이여
어디서 왔는가
허공이다.
어떻게 사는가
허공이다.
어찌하는가
허공이다.
알고 보면
모든 게 허공의 작용이다.
허공이 아니면
안되니까
오직 허공일 뿐이다.

허공 VI

만천하 오만 가지 색깔
대자연의 형형색색
찬연한 아름다움은
어디서 오는 것일까.
하늘의 무지개만 봐도
동트는 하늘만 봐도
이 만 가지 색깔 모양은
허공에서 온다.
그 생동하는 색깔이
마르고 바래서
모든 생명처럼
허공으로 올라가니
온 곳으로 돌아가느니라.

허공, 불가사의한 권능의 조화로
이 아름다운 색깔과 모양
이 찬연한 색깔과 모양
평화로운 색깔과 모양
행복한 색깔과 모양을
창출하나니
허공의 위대한 권능이여
거룩한 조화여
오직 두 손 모아 기도할 뿐이다.

〉
이 세상의 모든 소리도 이와 같으니
이 모든 향기와
이 모든 자미와
이 모든 감각도
모두 이와 같으니라.

II. 잡문을 쓰면서

3. 생애의 단상

아버지

타고 나서 익히어
착하고 진실하신
아버지
어지러운 세상에서
가족을 살리랴
바위 같은 짐을 지시고
아무개는 어리석고
융통성이 없어
이 세상에서
어찌 살겠나
착하고 진실한 게
밥 먹여 주나
무시당하고
홀대받았던
무정한 세월을
어찌 견디셨어요
그래도 아무 말 없이
그저 착하고
진실하게만 사신
아버지
원래 착한 것과
진실한 것은
말이 없는 법이다.

너의 할아버지 할머니는
참 착하고 진실한 어른이셨다.
누가 뭐래도
착하고 진실하게 사는 것이
사람의 도리니라.
추석에 가까운 맑은 밤하늘
별이 되신
아버지
몸소 보여주신 가르침
가슴에 되새기니
구순의 어린 마음에
눈물이 납니다.

어머니

어머니!
이제 어머니를 부르면
먼저 눈물이 납니다.
그래서 어머니를 그리는
글을 쓰기가 어렵네요.
커서도 늙어서도
어머니 앞에서는
언제나 어린 울보
지금은
일곱 살까지 젖을 파먹던
바보 같은 그때를 생각하며
혼자서 어머니를 불러보는
늙은 어린이
당신의 막내아들
이제사
살아계실 때
잘 못해 드린 것을
후회하는 불효자식

상추쌈

어느 여름날의 점심 밥상
보리밥 한 투가리
반찬은 상추쌈과 된장뿐이다.
배고픈 삼 형제
눈을 번뜩이며
수저 부딪는 소리 내면서
암팡지게 퍼먹는다.
어머니는 미소 지으며
상추에 된장만 싸서
천천히 씹어 삼킨다.
엄마 왜 밥은 안 먹어
나는 상추만 먹는 게 좋아.
아이, 엄마 거짓말
밥을 싸 먹어야 맛있고
배부르지.
그래도 나는 상추만 먹는 게
더 좋아.

이제야 그 뜻을 알다니
동쪽 하늘에 따스한 별이 되신
어머니
모든 것을 다 주신
우리 어머니
불효를 참회합니다.

소꿉장난

그 옛날 서냄이 서당
7살 난 학동이
꽃무늬 조끼에 한복을 차려입고
왕래하며 공부하니
신동이라 이름나고
선생님 손녀 깐내는 6살로
고운 한복 예쁜 얼굴
총명하여 언문을 익히니
귀여움을 독차지하다.
그 할머니 학동을 불러
둘을 나란히 앉히고
아이 고것들
참 어울리네
커서 신랑 신부 했으면 좋겠다.
둘이는 놀란 토끼마냥
서로 바라보다
눈이 맞았다.
해 질 무렵
텅 빈 서당 방 한 모퉁이에서
둘이는 머리를 맞대고
천자문을 뒤적이며
학동은 한문을 읽고
깐내는 그 밑의 언문 해석문을 읽으며

깔깔대고
때로는 단둘이
산골 물이 흘러 퍼지는 반석에 앉아
발을 담그고
물장난을 하며
만세를 부르다.

학동의 친구 영도가
이걸 보고 시샘하여
깐내 옆으로 가서
귓속말로
너 아무개 좋아하지
그래 좋아한다.
할머니도 허락했어, 왜
알았다.
영도가 흉계를 꾸미고
미소를 짓는다.

부모님이 들에 나간
텅 빈 영도네 집에서
소꿉장난이 벌어지다.
학동은 신랑
깐내는 신부
영도는 머슴
영도가 하라는 대로 하다.
아랫방에서
두 쪽 자리 병풍을 치고

소반에 맑은 물을 떠놓고
맞절을 하고
혼례식을 치르다.
웃방에서 첫날밤을 보내려고
신방을 차리다.
요대기를 펴고
이불을 덮고
알몸이 되어
실제로 흉내를 내다.
마침내 일어나는 황홀한 경지
정말 꿈이었다.
그 꿈은
구순의 흐린 하늘에
수줍은 별이 되었다.

운명 I

초등학교 시절
게걸스레 먹을 때
집에 돌아와
허리에 맨 책 보따리
마루에 내던지고
구렁텅이 목화밭으로
맨발로 달려가다.
골골이 무성하여
꽃이 피어 아름답고
여기저기 목화 다래
알맞게 익은 것을
고랑에 발을 올려놓고는
마음대로 따서
까먹는다.
한 번 두 번 따먹을 제
너무도 골몰하여
눈에 뵈는 게 없다.
한숨 돌리고
세 번째 열매를 따려고
허리 굽혀 보니
아, 커다란 독사나.
바로 내 발끝에
또아리를 틀고

나를 노려보고 있다.
그 모습
날카로운 눈빛
나는 혼비백산
머리가 하얘져
그대로 얼어붙다.
그냥 꼼짝 못 하고
그저 바라만 보다.
이윽고 그 독사가
머리를 돌려 스르르
사라지다.
그제사 나는 으앙
울음을 터트리고
집으로 달려가다.
엄마 나 독사한테
물릴 뻔했어
그대로 통곡이다.
독사라니
안 물렸는데
왜 울어!
누님이 놀라
만약 물렸으면
약도 없고
죽는 건디
어머니가 끌어안고
참 운이 좋았다.
하늘이 도왔다.

아버지가 웃으며
그놈이 큰 사람 될 것을 알고
안 물었구먼.
독사야 고맙다.
반드시 큰 사람 될게.
그때 물렸으면
지금 내가 있을까.

운명 II

할머니 모처럼
우리 집에 오셔
며칠간 놀아주고
옛날이야기까지
담뿍 정들여 놓고
울며 붙들어도
기어이 떠나신다.
할머니의 작은 보따리
내가 들고 배웅한다고
돌다리 고개까지 넘어가다.
이제는 돌아가라고
그 보따리를 빼앗으니
내가 먼저 울면서
할머니 또 오셔유
그래, 또 오마
할머니도 소리 내어 우셨다.
돌아오는 길에
외가의 넓은 논
그 입구에 맑고 깊은 둠벙이 있다.
작은외삼촌이 그 한 모퉁이에서
김을 매고 있다.
외삼촌 안녕하셔유
우는 목소리다.

너 어디 갔다 오니
목소리가 왜 그래
할머니 가시는데 배웅하고 와유
으흥 또 울어버린다.
또 만나 뵈면 되지, 그만 울어
거기 둠벙에 목욕이나 해라, 시원하게
예, 좋아유.
울음을 삼키고 알몸으로 둠벙에 들어가
그 둘레를 붙잡고 발장구를 치다
수영을 못하니
건너편까지 가고 싶은 생각이 더하다.
여기서 힘차게 뛰어들면
그 가운데를 족히 건너
저 언덕에 도착하리.
단단히 마음먹고
힘차게 뛰어드니
이게 웬일인가.
한가운데로 사르르 가라앉는다.
한참 만에 발이 바닥에 닿는다.
무릎을 힘껏 펴서 솟아오르니
겨우 머리만 보이고
다시 가라앉다.
이렇게 되풀이하여
힘이 빠지고 숨을 못 쉬면
그대로 죽는다.
어찌할 바를 모르다.
정말 위기일발이다.

외삼촌이 어쩐지 궁금하여
일손을 멈추고
그쪽을 바라보다
황급히 달려와
구해내니
물을 먹어 배가 부르고
정신이 거의 없다.
꼭 죽을 것을 살려내다.
겨우 살아나 말없이 고개를 숙이니
큰일 날 뻔했다.
나 아녔으면 죽었을 거야.
운이 좋았다, 살아서 큰 인물 되라고
조상이 살려준 거야.
너는 재주 있고 영리하니까
큰 인물이 되리라.
고맙다는 인사도 못하고 옷을 걸치고는 집으로 달려가다.
외삼촌, 고맙습니다. 큰 인물이 될께유.
마음에 깊이 새기다.
그때에 그대로 갔더라면
오늘의 내가 어디 있겠는가.

그 어린 서원

외가의 동네 서내미
서당에 다니는
일곱 살 학동이
신동이라고 칭찬이 자자하더니
여덟 살부터 초등학교 입학시험에
세 번이나 떨어저
집안에서는 걱정이 태산 같고
동네에서는 문제아라고 수근대다.
그 학동은 집안에 들어앉아
눈물을 흘리며 서원을 세우다.
엄마, 나 학교에만 가면
꼭 일등하고 반장 할 거야.
그래 너는 족히 할 수 있어!
그해 입시가 폐지되고
낙제한 아동들을 모아 오후반으로 입학시키다.
그는 정말 그 학급에서 일등을 하고
반장을 하다.
비로소 명예 회복을 하다.
가을 운동회 날
오후반이 교무실 앞에 자리잡고
응원을 하는데
일인 교장이 나오다가
아동들을 보고

담임에게 묻기를
여기서 제일 총명한 아이가 누구요?
예, 청수 재동입니다.
교장이 불러 머리를 쓰다듬으며
너 커서 무엇이 되고 싶으냐
예, 초등학교 선생님이요.
그로부터 6년간 일등하고 반장 하면서 수석 졸업,
6년 개근상까지 타다.
대전사범학교에 진학하여 6년간 일등하고
반장 하며 수석 졸업하고 자격증을 따서
모교 금남초등으로 발령을 받다.
꼭 6년 만의 금의환향이다.
교무실에서 거의 다 은사인 동직원들에게
정중하게 부임 인사를 하니
모두 고개를 끄덕이며
그놈 참 대견하네.
전교생에게 부임 인사를 하다.
모두에게 감동을 주다.
교무실로 들어오니
선배 교무과장 박 선생이 어깨를 치며
사 선생 말솜씨가 대단하네. 우리 학교 웅변 반을 맡아 줘!
예!

담임은 2학년 3반
교실은 변소 옆 창고 같은 방
환경 정리하고 열강하다.
애들이 좋아하고 따르다.

주말 환경심사에서 일등하고
계속 열강을 하다.
변소에 온 교장선생에게
불려가 충고를 듣다.
사 선생, 그 열성은 좋으나
너무 크게 하면
선생의 건강을 해치고
학생들이 주의 산만하여
학습효과가 떨어져요.
그래도 할 수 없다.
천성 열정이 그런 것을
이런 소식을 동네의 학생들이
잘 전해주고
얼마 후
우리 집에서 동네잔치가 벌어지다.
내판댁 성공했네. 무얼 더 바라
그래, 소원 풀었어!
신명 좋은 어머니는 그 친구와 춤을 추다.
아버지는 혼잣말로
우리 집안에 선생이 나오다니!
눈물이 글썽하시다.

선생님

국민학교 1학년
일인 교장 앞에서
선생님이 되겠다고
큰소리로 절실하게 다짐하니
하늘에 미칠 듯하다.

사범학교에 진학하여
일등으로 반장 하며
성실하게 졸업하고
모교의 선생님으로
부임 인사를 하다.
얼마나 감개무량하였던가.
부모님은 눈물짓고
동네잔치를 벌이다.

대학교의 국문과를
일등으로, 학회장으로
졸업하고
대학원에 진학하고는
중등교사 자격증이 나와
중학교에 가서
국어 선생님으로
열심히 가르치다.

사 년 만에
고등학교에 올라가
고전과 국문학사를
대학 강의처럼
열정적으로 가르치다.
그저 성실히 공부하여
가르치는 데에 전념할 뿐이었다.
수많은 제자를 기르다.
어머니가 살아 계실 때
얼마나 기뻐하셨는지
어릴 때의 소망을 이루었다고

진실행

착하고 진실하여
우리는 만났지.
평생을 착하고 진실하게
살면서 싸움 한 번 안 했지.
어쩌다가 큰소리로 나무라면
아무 말 없이 눈물만 흘리지.
3분도 되지 않아
내가 잘못했어!
채신없이 사과하고
그 가슴을 끌어안고
침대 위로 넘어지다.
그대는 착하고 진실한
아들딸을 낳았어!
그중에는 실제로 진실이가 있었지!
그 무렵에 그대는
신심이 장하여
법이 높은 스님에게
진실행이란 법명을 받았지.
내 안해 진실행이
진실이를 낳아 기르다니
나는 정말 진실행의 남편
진실의 아버지
행복하였지.

진실이는 착하고 진실한 천재
꿈 많은 학창 시절
언제나 수석으로 마치고
정예 학자 교수가 되어 학문의 꽃을 피우나니
우리의 영원한 희망이요 행복이요 영광이었지.

우리는 가끔 침대 머리에 나란히 앉아 손잡고
즐거운 가곡을 함께 불렀어.
행복이 별것이던가.
행복할 때 행복한 줄 모른다.
착하고 진실할 뿐이지.
이제는 동녘 하늘에
아련한 별이 된
그대
진실행을 가슴속에 품는다.

그대에게

수만 겁 전생의 인연이런가
꿈은 현실이고
옛날은 지금이듯이
영원을 두루 도는
우리가 있다.
단둘이 있을 때마다
온몸을 하나로 부비고
부리를 뜨겁게 소곤대는
한 쌍의 원앙새
어쩌다 한눈을 팔면
잘도 삐치고
돌아눕고
눈물을 흘리는
순진한 새댁이어라.
사랑은 호수 같고
진실은 소녀 같다지만
그것은 소리가 아니고
눈빛이다.
그것은 말이 아니고
체온이다.
아, 너만은 알리라.
천만리 떨어진 절해고도에서
그 눈빛, 그 체온이 한 마리

까치가 되어
나에게로 오라.

당신은

소월의 시 한 구절이 아프게 다가온다.
그립다 말을 할까 하니 그리워
떠나올 때는 막연히 그리워할 거라고
평범한 척 미소 지었지만
속으론 그래도 견디기 어려우리라 겁이 났었지.
당신과의 거리가 멀어질수록
그만큼 세월이 오래갈수록
내 가슴에 무겁게 매달려 떠오르는
멀고 먼 당신
가끔 전화 목소리로 더욱 갈증 나게
나를 만드는
어쩌다 꿈에만 보이는 당신은
처음에는 안해이더니
그리고는 어머니더니
이제는 차라리 관음이어라.
날마다 손가락으로 당신 만날
희망을 헤아리지만, 그럴수록
젖먹이처럼 보고 싶은 당신!

우리 부부

착한 사람
진실하게 살자고
정답게 지내면서
부부 싸움도
별로 없이
애들 다섯 기르면서
즐거운 세월이었지.
어쩌다 말다툼을 하면
나는 버럭
소리 지르고
안해는 말없이
눈물을 흘리고
나는 3분도 못 지나
여보, 내가 잘못했어
무조건 사과하고
안해의 목을 안고
침대 위로 넘어졌지.
부부싸움 칼로 물 베기라더니
안해는 올려다보며 속삭였지.
여보, 부부 쌈하고
먼저 사과하는 사람이
먼저 간대요.
그래도 할 수 없지.

그런데 안해가 먼저 가고
나 혼자
그 농원 꽃대궐에서
둘이 찍은 사진만
바라보고 있지.
아, 보고 싶다.
내 안해여!

바쁜 세월

그 자리에 오르니
대단한 것은
하나도 없고
그저 바쁘기만 하다.
진짜 강의는
기껏해야 3강좌
재미있고 보람찬데
잡무가 많다.
때가 되니
생활지도에 진로지도
지도교수를 맡고
학생생활연구소 연구부장에
국어국문과 학과장으로
대학원 국어국문학과 주임교수에
석사과정과 박사과정의 지도교수까지
문과대학 교무과장으로
학장 직무대리까지
인문과학 연구소장으로
문과대학 학장에 오르다.
마침 교육대학원장을 겸하다.
정년 보장 교원 임용 심사위원으로
도서관 고서 위원에도
대학원 위원 계열학사 위원장에

동국대학교 교환교수로 가고

대만사범대학 연구교수로 나가고

대만사범대학 교환교수까지 하다.

국내 어문연구학회 공연문화학회 판소리학회 등 13개 학회 회원으로 참여하고 자주 열리는 학술회의에 동참하여 토론하고 논문도 발표하니 틈나는 대로 써낸 것이 83편이다.

학위논문, 불교계 국문소설의 형성 과정 연구를 내고

공저로『한국 소설사』,『한국 고소설론』,『한국 서사 문학사의 연구(Ⅰ~Ⅴ)』를 간행하고

저서로『불교계 국문소설의 연구』,『불교계 서사문학의 연구』를 출판하다.

주변의 한남대학, 단국대학, 청주대학 등 7개 대학의 요청으로 출강하였고

국내외 학술 답사를 수없이 주도하며 인도, 스리랑카, 미얀마, 태국, 캄보디아, 중국, 일본 등의 대찰과 국내 고찰 등을 두루 답사 조사하는 데 앞장서다.

동·하계 방학 때나 가끔 사찰에 들어가 수행한다고 여러 날 묵고

각종 동문회 각종 친목회 대소간 모임을 주도하고 종친회까지 이끌다.

학연이나 지연 친연 따라 봄가을에는 거의 휴일마다 주례를 서고

주변의 애경사에 빠지지 않다.

그래도 5남매를 낳아 길러내다.

참으로 바빴다.

아내와 느긋하게 사랑할 틈이 없었다.

내 저술에 전념할 여유가 없었다.

내조가 고마울 뿐이다.

이제 이 모든 것을 한꺼번에 벗어나니

정말 허공 청정이다.

자유세계다.
온통 내 세상이다.
행복의 원천이다.

사랑과 공부

정년을 하고 나니
모든 짐을 벗고
온통 내 세상이다.
넓은 집안으로 돌아오니
이층은 만권 장서가 가즈런한
서재가 나를 반기고
아래층 내실에서는
평생을 같이 살
연인 진실행만이 미소로
반긴다.
여보, 그동안
바쁘다는 핑계로
너무 소홀했지.
때론 집을 비우기도 하고
사실 공부도 적당히 했지.
가르칠 만큼 형식만 차렸지.
우리의 사랑은 지금부터다.
나의 공부는 이제부터야.
아무런 장애물이나
걸림돌이 없지 않은가.
새벽에 일어나 체조 세면하고
정화수 떠 가지고 2층에 올라
정성껏 기도하고

전공 분야를 공부하고
주제를 잡아 저술하다.
집중한다.
흥미롭다.
마주 앉아 아침 식사하고
커피 한 잔 마시고는
포옹하고 키스하고
올라가 공부를 계속한다.
점심 식사 해야지요
안해가 올라오면
무릎 위에 앉히고
포옹하고 뽀뽀하고
좀 쉬어가면서 해요.
늙은이가 병나면 큰일 나요.
공부는 사랑같이
열정으로 하는데
피로하지 않아요.
인문학은 행복학이니까.
내려와 점심 식사하고
낮잠을 침실에서 자는데
진실행을 팔베개로 끌어안고
잠이 들면
빠져나와 무슨 일을
그리하는지.
깨운한 기분으로 올라가
또 공부하고
저술하고

때로 피로하거나 지루하면
내려와 다정한 목소리로
진실행, 나 좀 도와줘
안해가 알아듣고
침실로 앞장선다.
젊은 부부처럼
끌어안고 키스하고
침대 위로 넘어진다.
사랑을 공부같이
공부를 사랑같이
우리는 그만큼 행복하였지.

그 반복의 세월
6년이 지나서
귀여운 자식처럼
무거운 저서가 줄줄이 나온다.
중앙인문사에서
경산 저술 전서 17종을 간행하니
그 전공 분야만도
『한국문학의 방법론과 장르론』
『한국문학 유통사의 연구(Ⅰ~Ⅱ)』
『한국 고전소설의 실상과 전개』
『한국 공연예술의 희곡적 전개』
『월인석보의 불교문화학적 연구』
『불교문화학의 새로운 전개』
『백제 무령대왕과 불교 문화사』
『백제권 충남지방의 민속과 문학』

등이다.
지금 동쪽 하늘에
가장 먼저 뜨는 별이 된
진실행!
내조의 화신
당신은 진실이와 함께
나의 영원한 희망이요
행복이요
영광이니까.

둘이 찍은 사진

이모네 연산농원에
우리 둘이 일하러 가서
농막으로 오르는 계단
양쪽에 만발한 가을꽃
꽃대궐이 너무도 아름다워
우리 둘이 그 계단에 나란히 앉아
손을 잡고 공주와 왕자처럼
서로 보고 미소 지을 때
이모가 와서
경치 좋네, 언니 형부
핸드폰으로 찰칵하다.
사진 잘 나왔다.
팔십을 바라보는 젊은 부부
꽃대궐 안에 국화로 피어 있네.
행복한 향기가 구름처럼 솟아난다.
애들에게 준다고
다섯 장을 빼어 액자에 넣었는데
반기지 않기로
아래위층 방방마다 걸어 놓고
이제는 혼자서 바라보면서
그날의 우리를 되살려 본다.

어떤 이별

그대 죽으려 입원하던 날
영원한 이별을 예비하면서
강물처럼 밀려오는
비애를 삼키면서
우리 만난 지
어언 반백 년
나는 공부한다고
책을 산다고 수선을 떨며
때로 집도 많이 비웠지.
그대는 집안을 지키며
그 오 남매를 낳아 기르느라
고생만 하였지.
뭘요 당연한 일
좋은 일도 많고
기쁜 일도 많았어요.
우리는 그 침대 머리에
나란히 앉아 손을 잡고
이별의 가곡을
열 편 넘게
나직이 합창하였지.
마지막 불꽃이 더 빛나듯이
빛나는 화음이 허공으로
솟아오르다.

오히려 잔잔한 미소를 지으며
꽉꽉 끌어안고
뜨거운 키스
그리고 침대 위로 넘어지다.
최후의 몸부림
최고의 사랑
진정, 꿈속이어라.
잘 가시오.
좋은 세상으로
잘 지내세요.
애들한테 당부했어요.
잘 모시라고
그때 그곳에서
다시 만나리.

어려운 나날들

진실행이 떠나니
그 아픔을 달래며
선산에 묻었더니
이듬해 진실이가 떠나니
그 원한이 하늘에 미쳐
내 가슴에 묻었다.
그 애는 잘생긴 천재다.
학창 시절 늘 뛰어난 재능으로
수석만을 하고
제일 가는 대학의 국문학과에서
박사 학위를 받고
학문이 뛰어남으로
대학 교수가 되어 잘 가르치며
나와 같이 공연 문화를 전공하여
학회·학문 활동에 앞장서다.
나로서는 그 애가
희망이요 행복이요 영광이더라.
바로 그 애가 50을 겨우 넘기고
10권의 전공 저술을 남기고
효행까지 다하고
홀연히 가버리니
그 모든 것이 무너져 내리다.
슬픔이나 비통은 아무것도 아니다.

몸과 마음을 다 빼앗기니
아, 나는 어쩌면 좋으랴.
포기밖에는 어쩔 수가 없다.
어려운 나날들
학회에서는 그 추모 학술회를 열어
그 학문 학풍을 이어받겠다고
다짐하는데
나는 어쩌면 좋은가.
나도 그 애의 못다 한 학문을 이어받아
정진하는 것이 최선이다.
이것이 동방의 새벽별이 된
그 애를 위로하고
기쁘게 하는 일이다.
그 애의 격려와 도움을 받아
한풀이 하듯이
한판 해보리라.

날마다 밥만 먹으면
만권 장서 연구실로 올라가
전공 분야를 집중적으로
파고드니
논문이 쌓이고
저서가 나오다.
이름하여
『무령대왕과 백제불교문화사』
『훈민정음의 창제와 실용』
『불교문학과 공연예술』

『한국의 고전과 공연예술』
『한국의 제의와 희곡 문학』
『한국의 희곡과 시대 양상』
『삼국유사의 문예 양상과 문학의 갈래 그 연행 양상』
『한국의 사찰과 불교문화의 전통』
장편소설『훈민정음』
이제 나도 머지않아
돌아가리니.
새벽마다 떠오르는
네 별을 바라보면서
영원한 희망과 행복
영광을 노래하리라.

어떤 축사

국립대전사범학교 총동문회
회원 선후배 형제 여러분!
오늘 이렇게 만나니
정말 반갑습니다.
모교가 공주교대로 편입된 이래
회원들이 늙고, 가고
어려운 가운데
이다지 건강하게 나오시다니
더욱 소중하고 감사합니다.
오랜만에 만나
만단의 회포를 푸시기 바랍니다.
모교가 없어지고
회원들이 줄어들고
우리 동문회가 머지않아
문을 닫아야 하리니
안타깝기 이를 데 없습니다.
그렇지만 크게 보면
오히려 영원한 희망이요
행복이요 영광입니다.
모교는 국립으로
당대의 인재들을 특차로 선발하여
유능한 스승으로 길러내서
국민 교육을 선도하였으니

한국 교육사에 찬연한 자취를 남겼습니다.
그러기에 우리 동문은
이 명문, 대사 출신의 큰 스승으로 긍지를 가져야 합니다.
우리는 평생을 국민교육에 바쳤으니
그 공적이 찬연하여 영원히 빛납니다.
그때가 정말 희망차고
행복하였습니다.
더구나 우리가 기른 인재들이
알게 모르게 그 자리에서
이 나라를 이끌어 가니
그 영광이 말없이 하늘에 닿았습니다.
이제 우리는
이 긍지와 공적 그 영광을
새삼스레 가슴에 새기고
오히려 당당하게
보람차고 편안하게
행복을 누리시기 바랍니다.
하늘이 보우하사
저승에 가서도
그 영광과 행복을 누리시리라
믿어 의심치 않습니다.

Ⅱ. 잡문을 쓰면서

4. 학문하는 가운데

인문학자

허공의 아들로 태어나
청정한 마음으로
문화의 꽃에서 꿀을 따먹고
평생을 성실히
말과 글을 벗하여
그 꽃의 열매를 어루만지니
마침내
해가 솟아오르고
동쪽의 광명을 따라
허공을 훨훨 날며
유유히 세상을 관조하는
한 마리의
행복한 단정학
아, 이 천년학이여
높이높이 날아라.

원고지와 연필

게으른 농부의 한평생
그것은 비옥한
넓은 논밭과 작은 호미였다.
밥만 먹으면
그 논밭에 나가
그 작은 호미로
그 곡식을 심고 가꾸고
익혀서 거두어 왔다.
세월이 바뀌어
이웃의 논밭에는
여러 가지 농기계가
아주 편리하고 능률적으로
농사를 지으며
자랑을 하여도
그래 참 좋구먼
칭찬하면서도
그저 무심하게
늙어서도
더 늙어서도
죽을 때까지
그저 논밭에 나가
배운 대로
익힌 대로

정성을 다하여
호미질만 하다
이것이 늙은 농부의
불변의 희망이요
남모르는 행복이요
자신만의 영광이니라.

이 원고지와 연필
내 평생의 벗이여
연필로 쓴 원고지가
산더미처럼 쌓이고
소중한 저술로 빛을 보다니.

인문학은 행복학이다

유구한 세월 속에
우리 민족이
잘 살려고
보다 더 잘 살려고
실로 행복하려고
헌신한 노력과 방편이
쌓이고 이어져
민족 문화, 한국학이 찬연하게 꽃피었나니
그야말로 행복학이다.
이를 깊이 연구하는 학문,
인문학은 위대한
행복학이다.
이 나라의 학자로서
그 인문학을 연구하여
그 가치를 빛내고
이어받는 데에
평생을 바치며
그만한 업적을 내었다면
얼마나 보람차고
그 얼마나 행복했는지.
학문은 가시밭길이라 했는가
실제로 해보지 않고
모르는 까닭이다.

내 구십 평생에
인문학을 전공하여
정말 보람차고
남모르게 행복하였다.
아, 인문학은 누가 뭐래도
영원한 행복학이다.

삼국유사

고려 충렬왕 대
저명한 학승, 대선사
일연 대사가 제자들과 함께
삼국유사를 찬성하니
민족문화의 보전이다.
삼국사기와 쌍벽을 이루는
이 겨레의 야사요
신이 중심의 정신 문화사다.
이제 그 작품과 문장을 보면
별천지가 벌어지고 있다.
그 신이한 내용에서 문학적 신기성이 엿보이고
그 많은 각 편이 각기 독립적인 구성과 문체를 갖추었다.
이 작품들은 종교 민속적 의례와 관련되어
연극으로 공연될 수 있었다.
그 각 편은 모두 독자적 작품으로
특성을 지니고 행세하였다.
장르론에 따르면
시가와 수필·소설·희곡·평론으로 분화·규정된다.
그 문체는 삼국시대에 연원하여
변화 발전하여 충렬왕 대에 정립되니
그 역사가 면면하다.
그 작품이 연행되어 연극으로 전개되니 거기서 가창극·가무극·강창극·대화극 등이 재구될 수 있다.

이에 그 보전은 삼국에서 고려 말기에 걸치는 문학작품의 보고로서
그 시대의 문학사를 전담한다.
이 사실을 밝혀
『삼국유사의 문학과 예술』로 간행되니 학계가 찬·반으로 놀라고
세종우수도서로 선정되었다.

보현십원가

당대 화엄학의 거장
균여 대사가
가장 광대한 불경
화엄경의 진수
보현보살의 열 가지 큰 서원을
우리 말, 향찰로
쉽고도 간결하게
읊어 내니
오직 중생들을 교화하기 위함이다.
향가의 전통을 이어
가장 찬연하게 꽃피운
희대의 명품이다.
내용이사
모든 부처님을 예경하겠나이다.
모든 여래를 칭찬하겠나이다.
널리 공양을 바치겠나이다.
모든 업장을 참회하겠나이다.
모든 공덕을 함께 기뻐하겠나이다.
모든 부처님께 법륜을 굴리기를 간청하겠나이다.
모든 부처님께 열반에 들지 말고, 중생과 함께 머물기를 권청하겠나이다.
부처님의 가르침을 항상 공부하고 힘써 닦겠나이다.
모든 중생에 순응하여 부처님이나 부모님처럼 모시겠나이다.

위 모든 공덕을 중생과 불법에 다 회향하겠나이다.
이 열 가지 가장 큰 서원을 총괄하여 무궁·무진한 서원을 기필코 실현하겠나이다.
이 11편의 삼구 육명의 연작 형태
완벽한 형식과 아름답고 진솔한 표현은 시신·문장보살의 솜씨를 넘어선다.
그로부터 불계와 세간에 입에서 입으로 전송되어 중생을 이롭게 구제하고 갖가지 공덕을 나타내니

천년의 명작이요
문학사상의 큰 별이로다.
아, 지혜로운 우리 민족의
심성을 승화시켜 행복으로
이끌어 온
불사조의 날개여
한 송이 가장 큰
연꽃의 향기와 함께
우리 문학사에
우리 문화사에
금강보탑으로
영원히 빛나리.

훈민정음 I

하늘이 내린 해동 성군
세종은
어린 백성들이
사람답게 잘 살려면
쉽고 편리한
문자가 필수 되어야 한다고
확신하고
국가의 문자, 표음문자를
창제하겠다고
영단을 내리다.
문자 성음에도 밝으신
세종대왕은
이미 불교계에서
무명 중생을
쉽고 편리한 표음문자로써
교화 구제하겠노라.
그런 문자 창제에 몰두하고
성과를 내었다 간파하고
유교계에서는
당연히 반대하고
그만한 식견이 없음을 예견하시다.
조정 대신들에게 국자 제정을

선포하고
그 전문가들을
널리 모으니
불교계 학자들이 대거 동참하여
그 실제적인 도움으로
위대한 조선 문자
훈민정음을 창제하시다.
그 반대를 무마하고
중화를 이루기 위하여
유교계 학자들에게
그 문자의 이론서
훈민정음해례본을
찬성케 하시다.
외유내불의
영명한 세종대왕은
『용비어천가』를 명분으로 내세우고
불타의 일대기『월인천강지곡』(3권)을 어제하시고
수양대군에게『석보상절』(24권)을 찬성케 하시다.
세조가『월인석보』(25권)을 집대성하니
이 방대한 국문 불경을 백성의 교화, 문자 보급의 방편 교재로 삼다.
유교계는 백방으로 반대하는 가운데 불교계는 이를 불교 중흥의 호기로 삼아
그 보배로운 불경을 앞세워
중생·백성을 교화하는 문자 보급에
원력을 다하니
위대한 공헌이로다.
그 보고에 우리의 문학

국문문학의 시가 장르 모두가 자리하였으니
　이로부터 국문수필·국문소설·국문희곡·국문평론이 비로소 형성·전개되다.
　그로부터 면면하게 발전하여 오늘날의 찬연한 한글문화·한글문학·예술이 세계만방에 영광을 누리다.
　아, 진정한 우리 문화·예술사여
　세종대왕의 위업이여
　훈민정음의 대방편이여
　이 훈민정음이 아니었다면
　민족문화 예술은
　어쩔 뻔했나
　참으로 눈물겨운 일이다.

훈민정음 II

지금 우리는
한글문화의 전성시대를 맞았다.
한글은 세계 최고의 문자로
평가되어 거의 모든 나라에
보급되고
한글 문학이 발달하여
전 세계로 퍼져 나가고
융성을 보인다.
여기에 한글 예술이 발전하여
온 천하에 공연되다.
우리의 문화적 긍지와
영광은 하늘에 닿았다.
마침내 한강의 한글 소설이
노벨상을 받으니
우리의 천년 갈망하던 세월
행복이요 영광이다.
이제 되돌아보니
훈민정음이 아니었으면
어쩔 뻔했나.
그저 캄캄하다
그저 아찔하다.
그저 눈물겨울 뿐이다.
여기서 훈민정음의 창제와 실용 과정을

올바로 연구한
『훈민정음의 창제와 실용』이 나오고
세종우수도서로 선정되다.
나아가 그 과정을
장편소설 『훈민정음』으로 창작해 내니
세상이 얼마나 알아줄까.
허공이 청정할 따름이다.

월인천강지곡

해동의 성군
하늘이 내신 거룩한 임금님
불교에 능통하여
불자 승왕으로
보살행을 하시니
어린 백성, 무명 중생을
제도하여 잘 살게 하려고
몸과 마음을 다하셨네.
불교계 학승들의 도움을 받아
훈민정음을 창제하시고 즉시
이 국문으로 일대 불경을 찬성하시니
실로 이 국문 불경을 위하여
그 문자를 서둘러 만드셨나
이 장편 국문 운문 불경을 어제하다니
너무도 큰일이다.

부처님의 일대기를 팔상의 구조로
가장 방대하게 집대성하니
이게 바로 불교계 최초·최대의
한문 석가보 25권이다.
여기 부처님의 일생·행적에 대한
수많은 이야기는 모든 불경을 연설한
감명 깊은 작품으로 거의 다 망라되었다.

이 한문 저본을 불교계 전문가들에게
순서대로 나누어 주고
그 부분을 요약하고
악장체로 시가화하여
바치게 하다.
이를 전체적으로 수합하고
수정·제작하여
장절별 순번을 먹여 가니
제1곡부터 제600여 곡에 이르다.
전체 3권으로 편집·간행하니
『어제 월인천강지곡』이라 하다.
이는 인도 불경,
「불소행찬경」을 앞서는 최고의 한국 불경으로
한국 불교사와 민족 문화사에
길이 빛나리니
문학으로도 최초·최고의
국문 대서사시로다.
그 심오한 뜻과 아름다움이
최고봉에 이르나니
크게는 한 편의 대장편 시가이지만
그 속에는
단편과 중편의 시가 장르가
수없이 자리하고 있으니
한국 국문 시가의 원형이요
한국 시가사의 원류로다.
한국 문학사상의 위치가
너무도 찬연하다.

이 시가가 실용 과정에서
영산회상 음악과 무용 등으로
연행되니
한국 국문 공연예술에서도
단연코 뛰어나다.
그러니 공연문화사상에서도
불멸의 자취를 남긴다.
또한 훈민정음의 유포·보급에서도
교재 전범으로 앞장서니
정음발달사·한글문화사상에서도
그 위치가 쟁쟁하다.
이는 한국어문 국보 제1호가
분명하다.
세종·세조 대의
불교 왕국임을 실증한다
그 불교 중흥을 입증한다.

석보상절

세종의 둘째 아들
불교에 능통하고
지혜와 능력이 빼어나
불교 정책을 보좌하는
승세자, 수양대군
학문·예술, 성운학 문자학까지
조예가 깊고 활동적이라
훈민정음 창제에서도
부왕을 보좌하고
실무를 총괄하며
『월인천강지곡』의 어제에도
적극 보좌하고
앞장서다.
더욱 큰 뜻을 품고
그 한문『석가보』를
문학적으로 크게 증보하여
이를 불교계 전문가들과 함께
국문화하니
바로 국문 대석가전이다.
『석보상절』(24권)이라 이름하니
산문 불경을 능가하는
국문 산문 불경이다.
수양대군이 서문을 쓰되

조선이 불교 천하임을 천명하고
이 보전의 간행·유통의 공덕으로
국태민안함을 역설하고 기원한다.
한국 불교사상에서 최초·최상의 위상을 차지한다.
세계 불교사상에서도 그 유례가 없는 경사다.
문학으로도 최초·최고의
최대의 국문 산문 문학이요
전기 소설이다.
크게는 한 편의 장편소설이지만
그 안에는 수많은 국문소설, 단편소설, 중편소설, 다양한 국문수필
그 국문희곡과 국문평론 장르까지 다 갖추어
종합예술의 가능성을 보인다.
이는 국문 산문의 원형이요
한국 산문학사의 원류로다.
한국문학사상의 위치가
진실로 뚜렷하다.
그 소설 형태도
국문소설의 형성·발전으로 빛나고
희곡으로 각색되어
국문희곡의 형성·발전을 이루고
공연될 수 있으니
그 공연문화사상에서도
가장 찬연하다.
그러니 이것은
국문문학사 내지
국문 예술문화사상에서도
불멸의 자리를 차지한다.

또한 훈민정음의 유통·전파에서도
교재·전범으로 앞장서니
정음발달사, 한글문화사상에서도
그 역할이 지대하였다.
이는 한국어문 국보 제2호가
분명하다.

월인석보

어쩌다가 그런
오명을 남겼는가.
가만히 있어도
문무 만능의 능력과
충국·애민의 정성과
열정으로 하여
나약한 왕권을 확립하려고
왕으로 추대되었을 터인데.
어쨌든 세조는
유교국 조선을
불교 왕국으로 재건한
영웅적 승왕이다.
세종을 보좌하여
훈민정음의 창제에
앞장서고
그『월인천강지곡』의 제작이나
그『석보상절』의 찬성을 주도한
불교계의 성군이다.
어린 백성을 구제하고
무명 중생을 제도하려
『월인석보』(25권)를 찬성해 낸
자비 애민 대왕이다.
이만큼 큰 작업은

세조 대왕이 아니고는
누구도
할 수 없는 성업이다.
겉으로는 『월인천강지곡』과
『석보상절』을 합본한 것이지만
그 내막은 다양 미묘하다.
전문 학승 신미 등 10명과 1속 김수온을 모아
우선 위 두 성전을 최선으로 수정·보완하다.
그 합치는 작업이 순리적이고 교묘하다.
우선 월인곡을 1곡 이상 내세우고
그에 해당되는 상절문을
짝지어 놓는 식으로 순열해 나가다.
월인곡1+상절문1, 월인곡2+상절문2, 월인곡3+상절문3
여기서 신기한 현상이 벌어진다.
그 거대한 운문과 산문이 상호 분절 작용을 일으킨다.
그 분화의 성격과 형태에 따라
수많은 시가 장르와 산문 장르가 유형화된다.
월인곡 계통에서는
단가·사설·가사·별곡 등의 장르가 성립되고
상절문 계열에서는
다양한 국문수필과 국문소설·단편소설·중편소설
희곡으로 가창극본·가무극본·강창극본·대화극본
그리고 국문평론까지 형성된다.
그리하여 국문문학의 모든 장르가
다 포괄되어 있다.
이는 국문문학 전체의 장르적 원형이요
국문문학 총 전집이다.

국문문학사의 원류로서
그 전통을 이루고 있다.
여기 월인곡·상절문의 강창단위와 희곡형태는
제반 의례에서 연극으로 연행되어
공연문화사상에서도 그 위치가 뚜렷하다.
이는『월인석보의 불교문화적 연구』로 실증되다.
훈민정음의 유통·보급에서 그 교재·방편으로
널리 행세하였으니
정음발달사, 한글문화사상에서도
위대한 역할을 다하다.
이에 한국어문, 국보 제3호가 분명하다.

국문소설

우리의 국문소설
찬연하게 발전하여
국내외로 영광을 누리는데
그것은 하늘에서 뚝 떨어진
것도 아니오.
서양에서 밀려온
것도 아니다.
우리의 면면한
전통이 엄연하다.

흔히들 우리나라
최초의 국문소설이
홍길동전이라 한다.
국내외 문학계·학계·교육계
문화인 사회에서는
모두 그렇게 알고
말하고 믿어왔다.
그러나 그럴 리가 있나
훈민정음의 창제 이후에
국문소설이 생길 가능성이
충분한 터에
실제로 국문 대석가전『석보상절』과
『월인석보』 상절부에

원형적 국문소설이 상당수 들어있다.
「목련구모전」
「안락국태자전」
「선우태자전」
「사리불항마기」
「녹모부인전」
등이 분명 국문소설이다.
그러기에 우리 국문소설이
15세기 훈민정음 직후부터
형성·발전하였다.
이는 『불교계 국문소설의 연구』로 실증되다.
이 작품들이
변모하고 발전하여
신소설을 거쳐
현대 소설로 이어진 것이다.
아아, 그다지 면면하고
찬연한 국문소설의 전통이여!
마침내 한강의 국문소설이
노벨상을 받다.

국문희곡

희곡은 세계적으로
가장 입체적이고 풍성한
대표적 문학 장르다.
문장으로 널리 읽히고
또한 연극으로 공연하니
그 역량은 비할 데 없다.
우리의 국문희곡
오늘의 한글희곡도 이와 같다.
읽는 희곡으로
연극의 극본으로
각종 다양한 공연의 대본까지
국제적 전성기를 만나다.

그런데 이런 국문희곡의
문학사적 전통이
희미하다는 것이다.
연극의 한 요소로 인정하거나
아예 그 자취가
없는 것처럼 취급되어 오다.
그러면 이 엄청난 국문희곡이
하늘에서 갑자기 떨어진 것인가
구미 선진국에서 현대적으로
빌려온 것인가.

〉
아니다.
결코 아니다.
세상에 물줄기 없는
폭포가 어디 있는가.
우리 희곡은 순리대로
그 전통이 분명하고
그 흐름이 면면하다.
훈민정음의 창제·실용 이래
역대의 작품을 발굴하고
연구하여 그 원형과
원류를 확인하고
그 맥락을 복원하니
그 전통과 흐름이
확연하다.
『월인천강지곡』과 『석보상절』 『월인석보』에
수많은 국문희곡이 산재하여
이로부터 국문희곡이
광범하게 형성·발전하여
그 전통을 확립하니
가창극본으로
가무극본으로
강창극본으로
대화극본으로
현대의 성황·융성을 이룬 것이 명백하다.
이것이 『한국공연예술의 희곡적 전개』에서
실증되었다.

한국의 찬연한 희곡문학사, 국문문학사여
우리 민족과 함께
영원히 빛나라.

국문수필

21세기 문화 시대
우리의 국문수필
한글 수필은 전성기를 누리고 있다.
그 생활 문학으로
교령·상주문·논설·서문·발문·애제·전장·일기·기행·담설·잡기에 이르기까지
전 국민이 모두 이런 수필을
쓰고 누리니
걸핏하면
그 작품을 조판하여
수필집을 낸다.
국민이 모두 수필가라고
할 만하다.
이렇게 국문수필로
그 문학예술로
행복한 나라가
세상에 어디 또
있겠는가.

그런데 지금 우리는
모두 그 기쁨과 보람
그 행복을 실감하지 못한다.
당연히 그런 것이고

넝쿨째 굴러온 호박이다
허허댈 뿐이다.
그러니 그 소중함도 모르고
그 은혜도 모르고
어디서 왔는지도 모른다.
알 필요도 없으니까.
그러나 부모 없는 자식이 어디 있는가.
원류가 없는 강물이 어디 있는가.
행복한 문화 민중들이여
문학인들이여
문학 작품이여
참회하고 감사하라.
그 원류와 전통을 찾아라.
바로 훈민정음이 창제되어
전쟁 같은 난관을 겪으며
보급·실용되면서
그 교재·교범으로 찬성된
『석보상절』의 국문 산문
『월인석보』 상절부의
무수 다양한 수필 작품
그 보급·유통으로부터
국문수필은 형성·발전하여
면면한 전통을 이루고
명백한 계맥을 따라서
큰 강물이 흐르듯이
끊임없이 뻗어 내려와
근대의 국문수필로 이어지고

현대의 국문수필로
성황·융성을 맞는다.
이것이
『국문수필의 형성·전개』로
확증되다.
아, 국문수필의 찬란한 전통이여
훈민정음의 진가와
위대한 권능을 실증한다.
그 불멸의 승리,
민족문화·문학의 성취어
영원히 빛나라.
세계만방에 퍼져라.

내방 가사

조선시대 내방 부녀 사회에
꽃처럼 피어난
보배로운
내방 가사
영남 지방에서만
제작되고
유통되었다고
뽐내고
자랑하기 수십 년.
대전의 청년 학자가
기호 지방에도
내방 가사가 있음을 발견하고
이는 서울에서
형성되어
기호 지방으로 유전되고
영남 지방·호남 지방·관동 지방
그래서 전국적으로 분포되었다고
확고히 논증하여
전국 국어국문학회에서
통쾌하게 발표하여
모든 학자의 공인을 얻다.

구운몽

서포 김만중이
국문소설의 전통을 이어
창작한 세계적 명작이다.
그 시대에
이런 작품이 나온 것은
기적이다.
서구 소설을 능가하는
구성과 문체는
서구 문학자들을 놀라게 하다.
20세기 초반부터
외국 학자·문인에게 발견되어
연구되고
그 나라 말글로 번역·유통되다.
20세기에 걸쳐
21세기 초에는 세계적으로
보편화되어
가까운 중국이나 일본은 물론
미국·러시아·영국·불란서·독일의 문학계에서도
번역·유통되다.
한글 소설의 세계화가 이루어지다.
한승원이 「꿈」으로 재창작하였지만
원작에 미치지 못하고
그 영향으로

한강이 한글 소설 『채식주의자』를
창작하여 세계적 주목을 받고
번역·유통되더니
마침내 노벨상을 타다.
구운몽의 꽃이로다.
구운몽의 꿈이로다.
구운몽의 영광이로다.

한강이 흐른다

한강이 흐른다.
노벨상의 깃발을 날리며
태평양을 향하여
우쭐대며 흐른다.
유사 이래 처음이라
우리 문학·예술의 최고봉을
전 세계가 공인하고
찬탄하고 놀라다.
우리 천년의 희망이요
행복이요, 영광이니라.

그러나 한강이 어디
하늘에서 떨어졌겠나.
한승원 같은 대작가의
피를 받고
연세 같은 명문의 문풍을 이어
세종 훈민정음
한글 문학의 세계화
구운몽 같은 국문소설의 세계화
우리 예술 문화의 세계화
국력의 세계적 진출
이 모든 흐름을
한강이 끌어안고

유유히, 힘차게 흐른다.
한강이 흐른다.

부디 한강아
물처럼 겸허하라.
하심하라.
그래야 더욱 크게 성취하리라.
민족의 이름으로
축하·찬탄한다.
국민의 뜻으로
응원하고
격려한다.
한강 그대
조국에 최상의 금관을 씌워준
문학의
여성 영웅이여!

II. 잡문을 쓰면서

5. 기도하는 마음으로

기도

허공이여 청정하시옵니다.
허공의 아들이 두 손 모아 비옵니다.
호흡으로 목숨을 주시옵고
살리시고 기르시고 사랑하시니
불가사의한 권능이시여
열 번 죽어도
정말이지
무엇인지 모르겠어요.
그 은혜는 얼마나 큰지
알 수가 없어요.
갚을 길이 없습니다.
어버이 허공이시여
이제 어찌하오리까.

인생이란

인생이란
어디서 왔다가
어디로 가는가.
뭐가 그리
어려운가.
허공에서 와서
허공에서 살다가
허공으로 돌아간다고
얼마나 불가사의한가.
이 뭣고
정진에 정진하나니
불생불멸의 진실상
진정한 사유의 행복이여

법계사 가는 길에

비가 내린다.
허공이 내리는
법비라고
기쁘게 맞으며
걸음걸음에
나직한 염불이다.
산기슭에 이르니
양쪽에 층암절벽
기암괴석이 늘어선
사이사이로 무성한
나무들이 곧바로 서서
허공을 향하여 기도를 올린다.
그 오른쪽으로
강물 같은 냇물이
우쭐대며 흐르고
왼쪽의 작은 그 길로
따라가는데
극락교라는 돌다리를 건너는데
절벽에서 떨어지는
폭포 소리 유난히 우렁차다.
여기서 소동파의 게송이
생각나고 실감난다.
삼라만상이, 자연현상이

법신불의 몸이요
그 폭포 소리는 장광설
법문하는 큰 소리로다.
법계로 가는 길
힘들고 어려워도
오르고 또 오르니
법계사가 보인다.
커다란 노송에 기대어
잠깐 쉬는데
어찔하니 몽롱한 순간에
허공에서 망망한 운해에서
법계를 보다.
자, 가자 이 길로
들어서자, 법계사로다.
법계 중의 법계로다.
지금 내가 바로
찬연한 법계에
우뚝이 서다.
법신불이시여
굽어살피소서.

날고 싶다

허공
청정세계
모든 것을 다 비워 버리고
자유로이
유유자적하게
날아다니면
얼마나 좋을까.
단정학은 이미 날아가고
흰 구름도 지나가고
이제 몸도 무거워
도저히 날 수가 없다.
대숲 앞에서
머리 들어
허공을 바라보다
마음에 새기고
긴 호흡을 할 뿐이다.

우리 생명

이 세상의
모든 목숨은
마침내
허공으로 돌아가니
바로 허공에서
태어났기 때문이다.
인간의 지혜는
별자리처럼 빛나고
우주 법계의
정밀한 마음은
오직 인간의 마음과만
감응한다.
바로 이 자리
인간의 지혜로운
가르침이
온 세상에
두루 비치네.

정화

그것은
천둥에 얻어맞은
아픔이다.
온몸의 뼈마디를 시리게 하는
고통이어라.
그것은
물속에 들어가
닦고 또 닦는
목욕이 아니다.
끓는 물 속
깊이 들어가
죽다가 살아난
그러면 그것은
무간지옥 같은
해연에 떨어져
만생만사다가 떠오른
재생이런가.
아니다.
아무것도 아니다.
혼잡한 세상으로
벌어지기 전
그 원초의 자리에서
벌거벗은 몸으로

이글거리는 태양 아래
지난 세월 쌓이고 쌓인
잡된 것들을 녹이고 녹여
땀으로
땀으로
흐르게 하는
그 무엇이어라.
텅 빈 가슴으로
허령한 우주를 향하여
지난 세월 뭉치고 뭉쳤던
원한을 울고 또 울어
눈물로
눈물로
흐르게 하는
그 무엇이어라.
아, 그것은
마침내 돋아나는
새 바람
새 날개
새 눈빛

무심

무리하지 말라.
마음을 비워라.
모든 것을 없다고 하라.
집착하지 말라.
초월하라.
힘을 빼라.
무엇 무엇 하지 말라.

이것들은 모두
모두 무심이 아니다.
말로는 그럴듯하지만
실은 그것이 아니다.
무심은 무심일 뿐
그것 그대로
실천하는
그 마음자리인가.
그것은
말로는 표현할 수 없는
스스로 깨달아
자유자재로
권능을 부리는
거침없이 내닫는
불가사의한

힘인가.
머무름이 없이
마음을 내리니

이것이 다 무엇인가.
허공의 달
순풍의 구름
창공의 새
아니다, 아녀
아, 그것은
부지런한 농부의 밭 갈기인가.

죽음의 해석학

원래 죽음은
태어난 곳으로 돌아가는 것이다.
태어날 때 허공으로부터
목숨을 받고
죽을 때 허공으로 돌아간다.
큰 하나의 생명
허공으로 드나드는 것은
똑같아서
그 방향만 다를 뿐이다.
삶은 들어오는 것이고
죽음은 나가는 것이다.
그래서 죽음은 숨 쉬듯이
편안하고
잠자듯이 조용하다.
깊고 긴 잠일 뿐이다.
대자유요 해탈이다.
열반이요 행복이다.
죽어서 성인이 되고
천백억 화신이 된다.
그리고 영원하다.
그런데 그동안의 종교 신앙이
아전인수 격으로
과잉 해석하여 왔다.

죽음은 최고의 고통
죽음은 인생의 종말
죽음은 최고의 비극
죽음은 지옥으로 가는 길
극락으로 가기는 어려운 일이라고
이런 해석학이 어데 있는가.
모든 학문은
인간을 잘 죽게 하는
행복학이다.
그런데 그 알량한
그 해석학이
인간을 비극으로
안내한다.
이 따위 해석학은 없어져라.
여지없이 파기하라.
그러면 바로 죽음의 진면목
그 진실상이 나타나리니
누구나 무심히
숨만 잘 쉬어도
편안하고
행복하게
극락세계로 가리라.

작용과 반작용

한 여인이
같은 또래의 미인을
미워하여
죽도록 미워하여
그 얼굴을 뭉개버리려
청산가리를 뿌리려는데
제일 좋은 방법이 있다.
그 청산가리를
자기가
입에다 물고
대화할 듯이
눈웃음을 지어가며
면전에 다가가서
그 얼굴에
확 품어주자.
마침내
실제로 자신이
그 청산가리를
입에다 가득 물고
무는 순간에
하얀 연기를 뽑으며
입안이 녹아
망가지고

그 자리에서 죽었다.

진정 간절히
누구를 사랑하고
만인을 널리 사랑한다면
먼저 그 큰 사랑 속에
가장 행복한 것은
바로
나다.

마음을 비우면

정말 배고파 본 적이 있는가.
구정물 속에서 쉬어 빠진 밥풀떼기를 먹고 싶은데
참아 본 적이 있는가.
정말 목말라 본 적이 있는가.
시궁창 같은 논물에 입을 처박고
마음껏 마시고 싶은데
그만둔 적이 있는가.
어쩌다 절해고도에 내몰려
아예 귀향을 포기할 때
그 고요한 자유를 느껴 본 적이 있는가.
병원의 사형선고를 받고
진정 목숨을 단념했을 때
그 미묘한 평정을 맛본 적이 있는가.
그대 참으로 마음을 비워 본 적이 있는가.
아, 마음을 비우면 어찌 되는가.
신묘한 무엇이 채워지는가.
온몸으로 겪어 보지 않고는
죽어도 말하지 말라.
그것은 다만 말일 뿐이다.
정말 마음을 비우면
미묘한 경지가 나타나는가.

II. 잡문을 쓰면서

6. 정겨운 산하

산에서

무심히
산에 오르면
높은 산이 굽어보며
이만하면 어떤가.
그저 그러네요.
기암괴석이 내려다보며
이만하면 어떤가.
그저 그러네요.
푸른 솔이 소리하며
이만하면 어떤가.
그저 그러네요.
산새들이 지저귀며
이만하면 어떤가.
그저 그러네요.
골짜기에 흐르는 물이 올려다보며
이만하면 어떤가.
그저 그러네요.
아, 자연의 모든 것들이 다
그저 그러네요.

강가에서

강가에 서면
잔잔히 흐르는 강물은
맑디맑은 거울보다도 곱다.
허공에 바람을 타고
강가의 나무며 꽃과 잠자리
하얗게 머무는 구름과 나는 새들
어쩌면 하나같이 내려와 빛나며
강물은 무심히 흐르다.
어둠을 타고 얼굴을 내미는 별과 달을
만나면 말 없는 눈빛으로 하나가 되어
미끄러지며 자즈러진다.
그러기에 더욱 뚜렷한 달이여
허공의 달은 청련으로 내려와
울고 싶도록 귀여운 여인이어라.
그런 달을 끌어안으려
빠져 죽은 하얀 시혼을 생각하는가.
아, 나도 달을 닮아
푸른 그달을
하얀 가슴으로
뼈저리게 안아드리는
그런 강물이 되고 싶다.

고향에 돌아와서

모처럼 고향에 돌아와 보니
옛 고향은 온데간데없고
차마 볼 수 없기에
눈을 감으니
내가 나서 자란 이 고장
장재동 질재 서냄이
개구쟁이가 친구들과 어울려
산이며 냇물
논들로, 밭들로, 그 둠벙 금강물까지
발길 닿는 대로
가재며 우렁이며 미꾸라지, 새뱅이를 잡고
진달래 꽃잎이며 오돌개, 땡감까지 따먹던 시절
꿈같이 떠오른다.
이제 구순을 넘긴 흐린 눈에
눈물이 흐른다.

이 늙은이야
저기를 보라.
놀래어 꿈을 깨듯이
눈을 크게 뜨고 보니
바다같이 드넓은
꽃밭이로다.
오늘에 나라를 다스리는 수도

세종특별자치시라니
천세의 해동 성군
세종이 다스리던 태평성대가
고스란히 들어앉았다.
이 고향이 하늘의 복을 받음인가.
우리 모두의 희망이요
행복이요 영광이로다.
웅장한 정부 청사가 총리실을 머리로
웅비하는 용처럼 연결되어 위용을 자랑하고
낯설고 새로운 서울 거리 같아라.
그 길은 오히려 금의환향 같은 감격이로다.
여기에 내 자손과 내 제자들이 행복하게 살고
한글의 문화가 일어나고
문학의 꽃을 피워
《세종문학》으로 발전하나니
아, 나도 여기서 살고 싶다.
어느새 눈물이 흐른다.

용두산에 올라

계룡산과 마주하여
육중하게 한밭을 둘러리 선
만년의 용호, 계족산
그 한 갈래가 특출하여
용의 머리로 내달리다.
그 뿔처럼 갈기처럼
솟아난 기암괴석
무심한 사람들이 어루만지며
지나간 세월이 얼마이던가.

어느 날 간절한 바람으로
올라가 무심히 바라보니
이게 웬일인가.
허공 청정 비로자나불 아래
머리 조아려 늘어선 화엄신중이로다.
수억 년 한밭을 지키며
증명해 온 허공장 성상이여
경건하게 머리 숙이고
참회 감사하다.
지금은 그 발치에 광제사와 연광사,
비로암·진실암을 거느려 지키고 있다.

괴화산에 올라서

꽃잎처럼 솟아오른
괴화산,
산신령이 있어
치마폭으로 감싸듯이
장재리, 석삼리, 반곡리, 석교리, 황룡리를 품고 보우하시니
어머니 품속에서 들리는 소리
너는 괴화산 산신령이 점지하사
큰 인물 되리니
겁먹은 듯
순진한 눈동자
어느새 엄마 따라
고사리 꺾고
진달래 꽃잎 따먹고
밤이며 도토리 줍고
약 된다고 지네 잡고
원수라고 뱀 물리치고
그 골짜기 기암괴석
맑게 흐르는 개울물에서
가재 잡고
중태기며 간다리 건져 내더니
발아래 서냄이 외가 농네
서당 방에서 공부하며
산신령께 빌었지.

공부 잘 되게 해 주세요.
정말 그 어린 뜻 이루어
재동이라 모두 칭찬하였네.
학이 날아가듯이 벌어진
비학산 아래 자리한
금남국민학교 입학시험에
세 번이나 떨어진
문제아가 되어서도
괴화산을 바라보며
눈물로 다짐하였지.
학교만 가면
일등하고 반장 할게요.
그대로 소망을 이루었지.

일 학년 때 일인 교장이 묻기를
너는 커서 무엇이 될 것이냐
예, 국민학교 선생님이요.
그날도 집에 가면서
괴화산을 바라보았지.
꼭 6년 만에 모교의 선생님으로
부임 인사를 하다.
그날도 퇴근하면서
괴화산을 우러러보았지.
고향이 온통
세종시로 들어가
흔적도 없는데
괴화산은 옛날의 그 모습으로

지켜보고 있네.
산은 못 잊을 손
어머니같이 반기는데
오르는 길은 낯설다.
그날의 어린 내 발자국
찾을 듯이 추억에 젖어
오르고 또 오르니
산신령은 어디 가고
아무 것도 보이지 않는다.
정상을 둘러리 선
무성한 상록수가
줄기차게 기도하는
맑고 파아란
허공이 청정 무애할 뿐이다.
아, 바로 이거다.
가장 높으신
청정 법신 비로자나불

세종의 강

세종이 세종인 것은
훈민정음 때문이다.
하늘이 낸
천년의 해동 성군이
불교와 손잡고
어린 백성과 무명 중생들의
까막눈을 뜨게 하고
잘 살리려고
큰 문자를 새로 만드셨네.
정음의 월인천강지곡은
한강으로 흐르고
천강으로 흐르더니
만백성이 지혜롭게
문자의 꽃을 피우다.
우리의 문학·예술·문화를
하늘 높이 일으키다.
저기 문자가 없어
고통받고 미개한 나라를 보라.
우리는 얼마나 큰 은혜를 입었는가.
이제 문화 세기에 이르러
이 한글이 세계 문자사의 으뜸이요
한글 문학·예술·문화가 융성하여
세계로 뻗어나가니

한글 그 문화는 바다를 이루어
인류의 문화·예술·문학 위에
영광을 누리리.

지금 그 월인천강지곡이
새로운 곡조를 타고
세종의 금강에 흐르나니
세종시가 한글문화를 꽃피우고 있다.
아, 천년의 인연이로다.
훈민정음이 아니었으면
우리는 어쩔 뻔하였나.
새삼스레 눈물이 흐른다.

바위

금강산 같은 바위산
봉우리마다 괴암 기석
모든 산의 뼈대가 되고
뻗어난 아름다운 만물상
그것은 자연이 빚어낸
명품이라 하지만
실은 허공이 다듬어 낸
천연의 작품이다.
허공에 구름을 머리에 이고
푸른 나무와 함께
강과 호수와 바다를 만나면
더욱 빼어나고
거룩하다.
아, 지혜로운 인간이
어떤 재주로도 본뜰 수 없는
신이한 예술품이여.
수억 년의 세월 속에
짧은 인생을 지켜보고
그 문화를 이어가면서
허공을 향하여
항상 기도하는 성상이어라.
하늘이 내린 보배
우리는 경배하고

기뻐할 뿐이다.
이것은 생동하고 찬연한
국보, 이 나라의
영원한 문화재로다.

금강 강가에서

여기 정다운 강이 흐른다.
맑고 빛나는
어렸을 때 목욕하고 뛰놀던
강물이 비단결같이 흐른다.
양쪽 언덕에 이끌리지 않고
가운데로 몰리지도 않으며
매끄럽고 자유롭게 잘도 흐른다.
천년의 세월을 실어 나르며
그대 거울 같은 가슴을 열면
양변의 자연 풍경을 끼고
허공의 구름을 그리며
태양의 빛을 받아 우주에 뿌리고
밤이면 별과 함께 달을 맞아
말없이 속삭이며
흐르는 소리도 정겨워라.
마침내 열반의 대해에 이르러
하나의 환희의 세계를 이루나니
아, 나의 어머니 같은 강물이여
내 정진하는 삶이여
이 보람찬 인생을
열반의 바다를 향하여
이 강물 위에 띄우고 싶다.

II. 잡문을 쓰면서

7. 나무와 꽃, 새와 미물까지

매화나무

둘째 딸의 친구
나의 제자 미경이가
스승님의 만수무강을 기념한다고
대나무 숲을 헤집고
애써 심어 놓은
회초리 같은 세 가지
매화나무
어렵게 뿌리 내려
기름진 땅에서
어느새 훌쩍 크다.
어느 겨울의 끝자락
봄이 온 줄도 모르는데
뜻밖에 집안에 향기가 돌아
가만히 살펴보니
매화가 가지마다
예쁘게 꽃을 피웠다.
설중매라더니
겨울을 보내며
봄을 환영하는구나.
꽃은 부처님의 미소라더니
수줍어 방긋이 웃는
새벽별처럼
예쁜 꽃이여

벌과 사랑하여
파아란 열매를 맺으니
향기로운 매실이다.
매년 점차로 무성하고
꽃은 더욱 곱게
많이 피어 만발하고
향기는 진동하여 동네로 번져가고
튼실한 열매가
다닥다닥 가득히 열리니
살이 붙어 토실토실하고
노릇노릇 익어갈 때
진실행과 둘이서
그 매실을 따 모아서
정성스레 잼을 만들어
애들과 나누어 먹었지.
그때 그 시절
진실행이 매화요
매실 같다고 했더니
말이라도 고맙네요
그 소리가 그립다.

진실행이 허공의
별이 되어
매화처럼 빛나는데
이 몸은 구순이 되어
병마에 걸려 입원한 지
100일 만에 돌아오니

이웃의 시비로
그쪽에 뻗은 가지를
다 짜르고
반밖에는 남지 않다.
내 몸이 무너지는
아픔이어라.
할 말이 없어
답답하여라.
그래도 이른 봄이 되니
그 반편이 더욱 무성하다.
꽃이 더 많이 피고
열매도 더욱 튼실하고
내 재활을 기원하고 있다.

봄꽃

오래 기다려 만났는데
가슴 두근거리며
오히려 외면하고
할 말을 찾고 있는데
뜻밖에 하는 말이
봄은 부처님이고
꽃은 부처님의 미소래요.
아, 그래요
내 눈에는 그대가
봄이요.
그대의 미소가 꽃보다
더 예쁜데요.
서로 보고 부끄러운
눈웃음을 짓네.
그 꽃들이 하늘거리며
향기를 날리고
나비를 만나네.

우리 집 대숲

계룡산 줄기 노은리
지산의 농원에서
세 줄기, 회초리 같은
오죽을 얻어다
현관 근처의 마당에 심다.
집을 수리하고 네모난 작은
정원에 옮겨놓다.
외손주가 태어날 무렵이었다.
그 녀석이 40이 넘어
의사가 되기까지
어느새 대나무는
그 정원을 완전히 정복하고
안산처럼
아성처럼
집안을 둘러리하다.
죽엽군이 되어
모든 액운을 막아주고
내 올곧은 생활에
벗이 되고
힘이 되었다.
여기에 석등 하나를 세우고
관음 석상을 모셔
내 믿음의 동산을 이루다.

하늘 높이 솟아올라
사계절에 따라 온화하게 자비를 베푼다.
이제는 긴 세월을 함께한
자식이요 가족이다.
다만 그 매화나무와
함께하여 매죽의 정원을 이룩하여
더욱더 아름답다.
이로써 나의 아호로 삼으리.
매죽당이라고

연꽃

연꽃은 들논에도
자연한 연못 호수에도
어디든 진흙탕이면
다 피는데
거기에 물들지 않고
맑고 향기롭다.
당신이 태어나 걸음마 할 때
걸음마다 연꽃이 솟아난 이래
당신이 말씀하면
연꽃이 맑게 피어나고
눈짓만 해도
솟아나서 향기롭다.
손짓만 해도
맑고 향기롭다.
당신이 보여주신 연화장세계
허공에도 연꽃이 가득히 너울거리고
바다에도 연꽃이 솟아 일렁거린다.
시방세계 온 천지가 연꽃이다.
집안에 피우려 연지에 심었다가
그 넓은 담 안쪽 벽
샘 옆에 그린 연꽃들
오랜 세월 견디며
맑고 향기로워라.

내 안에
연꽃 피우려
눈을 감고 편안히
합장하다.

단정학

어느 해 설날에
손녀가 노송에
단정학 한 쌍을 그리고
할머니, 할아버지
오래오래 사세요.
그 기도는
착하고 진실하여라.
오래 살다 보니
말로 못 할 슬픔을 안고
홀로된 단정학이 되어
이제는 백 세를 바라보며
파아란 허공 세계를
날려고 움츠리다.
드디어 하얀 날개를 펴고
창공을 유유히 날며
세상의 모든 것을 조감하고
일체를 허공으로 돌리면서
허공으로 들어가니
텅 빈 충만이로다.
허공이 아니면
어찌 날랴.
허공이 없으면
어찌 청정하랴.

허공에 충만한
단정학의
무한한 행복이여

비둘기

그때는 좋았지.
비둘기 쌍쌍이
새색시처럼 아리따운 모습
착하고 순진한 눈동자
누구에게나 친근하고 화해로운
평화의 날개
사람들은 '좋아'라고
모든 경사나 축제의 마당에서
그 행사의 절정에서
여러 비둘기를 날려
무한의 허공으로 날아오르는
평화의 영광이었지.

그때나 지금이나
지금이 어느 때라고
여기저기 분쟁이나 전쟁을 일으켜
마구 부수고 죽이니
에이, 비둘기만도 못한 인간들

비둘기 한 쌍이 만나면
죽을 때까지 사랑하며
생산을 거듭하기에
사람들이 그 금슬을 본받는다고

잡지도 않고 먹지도 않으며
존경해 왔는데

지금 젊은이들은 유행 따라
사랑은 하면서도
결혼도 하지 않고
자식도 낳지 않고
어떻게 낳아서
기르고 가르치느냐고
나 홀로 즐긴다.
이게 사람이 할 일인가.
저만 나와 살고
자손을 끊어버리는 비정한 죄인들

지금은 그 평화와 금슬의 아름다움이
땅에 떨어지고
떼 지어 날아다니며
쓰레기나 파먹고
독한 배설물을 날린다고
해로운 새로 지정하여
미워하고
내쫓으려 하고
심지어 죽이려고까지 하니
배설하지 않는 생명체가 어디 있더냐.
이게 시혜 있다는
인간이 할 짓이냐.
파란 하늘이 내려다본다.

허공이 있는 한
비둘기들이여
비상하라
평화의 날갯짓
금슬의 행복을 찾아서

난초 앞에서

저도 교수를 지내면서
고개를 번쩍 쳐들고
잘난 체를 하련마는
스승의 날에
난초를 한 묶음
고려자기 꽃병에 담아
수줍어 문안에
정성껏 놓아두었다.
그 리본에 쓰기를
'하늘 같은 스승님의 은혜에 감사합니다'
내가 진정 그들의 스승이었나
가슴 저리게 되돌아본다.
난초에 꽃이 피어
향기로운 축하의 인사를 하나니
난초야, 너는 보았지.
어지러운 세상에도
이런 고마운 일이 있다.

작은 거미

기도하는 하얀 책상 위에
하얀 물컵 속에
까만 먼지 하나
손가락으로 건져 놓고
혹시나 하여
휴지로 물기를 닦아주고
잠시 기다리니
아, 그놈이 기어간다.
가다가 선다.
손가락으로 건드리니
황급히 달아난다.
한참 만에 그놈이
책상 전등의 머리에서
줄을 늘이고
오르락내리락
이리저리 걸어 다니다
그네도 타며
가벼운 곡예를 벌린다.
자세히 보니
아주 작은
거미다.
너의 놀라운 재주라니
생명을 구해 준

은혜를 갚는 것이냐.
타고난 재주를 자랑하는 것이냐.
불가사의한 생명체,
그 지혜로다.
작은 티끌에도 충만한 법신의
조화가 아닌가.
지극히 미세한 그 권능의 손짓이 아닌가.

작은 개미

처음 보는 작은 개미
날개까지 달렸다.
원고지 위에 올라와
살금살금 걸어 다닌다.
운동장을 기어다니는 어린아이처럼
하도 신기하여
지켜보다가
입김으로 호호호 불었다.
응당 먼지처럼 날아갔을
그 개미여
웬일인가
몸을 사려 바닥에 붙어
꼼짝도 않는다.
이제는 일부러
폭풍을 분다.
그래도 꼼짝하지 않는다.
폭풍을 이기는 놀라운 지혜
원고지에 글을 쓰듯이
여기저기 발자국을 남기고는
허공으로 날아간다.
허허, 고것 참 대단하다.
어쩌면 그런 재주가 있을까.
그것은 재주만이 아니라

지혜다.
똑같은 생명체 동물이니
이제
재주 없다 지혜 없다는 말을
어찌 감히
함부로 하랴
고개가 숙여진다.

II. 잡문을 쓰면서

8. 인연 따라

반복

깨어보니 4시경이다.
청정 법신
그대로 일어나 체조·세면하고
정성껏 기도하다.
염불 정진에 삼처 명상하여
유심안락도를 누리니
생기가 난다.
힘이 생긴다.
거실에서 기초운동을 하고
진실행 방에 가서 기도하다.
진실행·진실이여
영원한 희망이요
행복이요, 영광이니라.
그리고 한바탕 웃어 제끼다.
하하하 웃으니까 우습다.
하하하 웃으니까 좋다.
하하하 우습다 말을 할까 하니
우습다. 하하하
이어서 화엄탑을 18번 돌다.
그리고 호흡 정진을 하고
화엄경을 봉독하고
학문하고 사유하고 글을 짓고
나름대로 저술한다.

아침 식사하며 TV를 보고
식곤증이 이는 데도
그대로 밀고 간다.
밖에 나가 대숲 앞마당을 거닐다.
기도하다
천수경을 봉독하다.
방문 천사가 온다.
그 손을 잡고
그 마당을 더 걷는다.
들어와 각자의 일을 한다.
나는 계속 그 일을 한다.
점심 식사하고 커피를 마시고는
그 천사와 정담을 나누고
오수에 들어 깨어보면
대강 3시 반경이다.
개운한 기분으로 호흡 정진하고
그 일을 계속하고
저녁 6시부터는 저녁 식사하며
TV와 논다.
이제 일기 쓰고
자유시간이다.
10시에 잠자리에 누워
기도하고 잠든다.

날마다 거의 똑같이
반복한다.
그 얼마나 지루하랴.

그러나 반복이 아니면
되는 게 없다.
모든 것은 반복의 산물이다.
반복이 천재를 낳는단다.
성취와 실패도
행복과 불행도
사랑과 미움도…
어차피 사는 것
즐겁게 해야지.
보람차게 해야지.
흐뭇하게 해야지.
그래야
행복하고 살맛이 나겠지.

밥상

맛이 있다, 없다.
먹기 싫다, 좋다.
보기도 싫다, 치워라.
쉬지근하다.
썩었다.
개도 안 먹는다.
버려라.

이게 사람의 짓인가.
아귀지옥에 떨어져도
씻을 수 없는 죄로다.
허공에 맹세코
밥사발의 한 알 한 알이 모든 생명의 원천
이 생명의 어머니
금쪽같은 젖줄기
그 밥이 여기까지 오기는
얼마나 많은 이의 공덕이 들었는가.
어서 참회하라.
지금 경배하라.
그리고 맛있게 먹어라.
진심으로 감사하라.
이게 바로 나다.

거울

두 개의 거울을 마주 세우고
그 사이에
촛불 하나를 켜 놓으면
서로를 비추고
비추어
무수한 촛불로 가득 찬다.
신비하고 기적 같다.
우리의 마음이
거울같이
맑고 깨끗하다면
서로의
진정한 대화가
그만큼
신비롭고 기적 같은
의미를 쌓는 것이
아닐까.

한복

돌 때부터
한복을 입었지.
초등학교 졸업식까지도
그렇게 당연하고
그다지 편안하고
예쁘고 멋지고
자랑스러웠지.
중고등 때는 교복을 입고
대학 때는 국문학과라
3학년 때부터 교수님 선배들을 따라 한복을 입었지.
중고등 선생 때는 관례에 따라
양복을 입고
집에서는 한복 생활
대학 강사로부터 교수 시절
줄곧 지금까지
한복이다.
주변에는 한복이 거의 없다.
거의 다 양복이다.
그러나 경사를 맞이하는 여인들이나
국경일을 맞는 대통령 내외분이
한복을 차려입으니
한복이 귀하고 멋진 것은 사실이다.
그런데도 이상하게 보기도 한다.

특별나다, 주목하기도 한다.
고리타분하다고 비웃기도 한다.
때로 외국인이 같이
사진을 찍자고 한다.
누가 뭐래도
나는 평생을
한복을 입어
한국인의 긍지로
편안하고
자랑스럽고
행복하였다.

친구에게

친구여
그대 행복한가.
부처님이 행복을 설하시고
예수님이 행복을 가르치시고
공자님이 행복을 강조하시되
행복학자가 행복을 아무리 논설하더라도
행복한 사람의 말을 다 들어봐도
백이 백 말하고
천이 천 말을 해도
친구여!
지금 여기
내가 행복하다 해야
행복한 거야.
그동안의 짐
다 내려놓고
착하고 진실하게
맑고 향기롭게
평화는 창천같이
안정은 대지와 같이
행복은 대해와 같이
아이 너무 거창하다.
정말 너무 어렵다.
내가 행복하다면

행복한 거라니까.
천하에 쉬운 일
친구여 어깨동무하고
행복을 노래하자.
행복은 내 마음대로
행복하다면 행복한 거야.
이것이 나의 진실한 행복

옆집 가게

처음에는 수수한 60대 여인
그저 그렇더니
자주 갈수록
친절해지고
자상해진다.
참 곱게 늙으시네요.
차 한 잔 하세요.
언제부터인가
구매한 물건을 집에까지
들어다 주고
때로 전화하면
우유나 라면까지
배달해 주고
대나무 숲이 좋은데요
새순 하나 주세요.
어쩌다 가곡을 흥얼거렸더니
어마, 가곡을 좋아하셔요?
저도 가곡을 좋아하는데
〈그네〉를 함께 부르다
마치 큰 딸 같아라.

내 발병하여 누웠는데
전화가 오다.

집에는 아무도 없는데
어데 계셔요?
나 입원했어요.
아, 그러셔요
어느 병원이요?
알 것 없어요.
퇴원하셨다는데
병문안도 못 가고
이 한약재
참 좋은 건데
달여 드세요.

갑자기 가게 문을 닫다.
알고 보니
암으로 입원하여
수술까지 받다.
전화하니
많이 좋아졌다고.
그러더니
지금은
전화도 끊어지고
만나 볼 길이
전혀 없다.
아, 아련한 추억이여
그런 인정이 그립다.

목욕탕에서

목욕탕에서는
모두가 알몸이다.
실로 아무것도
지니지 않은
똑같은 진신이다.
진신에 진심이 깃든다면
모두가 한마음일까.
따뜻한 향 탕수에
몸을 푸욱 담그고
눈을 지긋이 감은 채
명상을 하는지
고요할 뿐이다.
무엇을 사유하는가
모태의 따뜻한
생명수를 유유히
헤엄치던 원초의 심신인가.
이내 몸과 마음을
청정히 하니
마음이 가벼워져
허공으로 오를 듯하고
광명을 따라 흐르고 싶다.
허공의 이치와
불가사의 권능을

아는가 모르는가.
그 가운데
허공을 숨 쉬면서
그저
편안하면
그만이다.

친구

학창 시절
반장을 하다 보니
모두 친하게 지내야지.
하루는 친한 친구가
야, 이 자식아
너는 누가 친구냐
다 친하면 친구가 없는 거야.
그래도 할 수 없지.
나는 우리 반 학생
다 친구로 지내고 싶어.
그래서 서로 편안하고
즐겁지 아니한가.
사람 사는 데에
친절이 제일이야.
그야 더 친한 친구가 있지.
그러나 그 친구 하나만 친하면
다른 친구들하고는 불편하게 되잖아.
누구에게나 친절해야지.
그래야 내가 항상
편안하고 즐겁지.
세상에서 가장 큰 절이 무어냐 하면
친절이야!

여행

여행은 혼자라야 좋다.
고향을 두고도 먼 고향을 찾아
떠나는 나도 모르는 여행길은
멀수록 좋다.
돌아온다고 말은 하였지만
영원히 돌아올 수 없는
신비로운 그 고향으로 가는 길
이 고향이 싫어서가 아니라
그 고향이 더 그리워
그 언젠가 두고 온 고향
고향을 찾아 무한히 가고 또 가는
귀향의 본능
기차를 타고 달리면
산간 굴속 간이역 외딴집 들판 도시
이 광경들이 신기하다 못해 시들해지고
옆자리 아가씨의 뜨개질하는
귀여운 모습도 평범해지면
떠나 온 고향의 잡념을 잠재우고
다가올 고향을 상상하다가
꿈속에 들다.
아련한 그 길은
하얗게 추상화되고
저승길을 가듯이

약간의 불안마저 털어 버리면
떠나온 거리만큼
나는 아주 맑고 참으로 텅 빈
그곳에 서다.
이대로 밀고 들면
그 고향은 어떨까.
거기는 풍물을 올리며
깃발을 들고
그 흔해 빠진 환영보다는
차라리 태양이 꽉 차 있는
태초의 설원이었으면 좋겠다.
그제사 불가능이 없는
나의 권능으로 선혈을 뿌려
구원의 세월
그리도 갈망하던
모든 그림을 그리고 싶다.
마침내 꿈을 깨어
문득 되돌아오면
나를 잊거나 찾는
나를 욕하거나 기리는
역사의 현장을
똑똑히 확인하고 싶다.
아, 여행은 이렇게 떠나고 돌아오는
끊임없는 인생
윤회의 되풀이
(2006년 이전)

장암 선생의 1주기를 맞으며

선생님, 제 말씀을 알아들으시겠지요.
오늘이 바로 그날입니다.
이승에 나오실 때 겪으신 괴로움처럼
그다지 괴롭게 육신을 이승에 남기고
가신 바로 그날입니다.
선생님, 그렇게 가셨기로
선생님은 선화동 123번지에 머물지 않고
하늘에 계시고
모든 사람의 가슴에 계시고
바로 제 마음에 계십니다.
죽음이 곧 삶이요, 삶이 곧 죽음이라고 하시더니
과연 그런 것인가요.
가신 뒤에 잠잠하다가
돌아가신 날에 새삼스레 야단들 치는 것은
살아남은 사람들의 자그마한 정성이지, 변덕이지
다른 아무것도 아닙니다.
혈손들이 제사를 지내고
딸과 사위가 선생님의 이름을 떠들썩하게 드날리려고
눈을 번득이고 있음은 차라리 욕심에 찌들린 짓들이고요,
학회를 열어 선생님의 이름을 떠올림은
오히려 저희를 빛내려는 명분이었습니다.
종업이는 한문학·시론을 하면서 선생님의 학통을 빛내고
수희는 백제어·지명학으로 제 길을 다져가면서

그 사람들만큼 선생님의 은덕을 입고
빛내는 제자도 없습니다.
전섭이는 제자 겸 아들로서 너무도 정확하게
성실하게 선생님의 학덕을 본받아 기리고 있습니다.
말년에 입김을 불어 넣어 주신 선기가 대학에 들어오고
용문과 태조가 고등학교를 박차고
대학에 진출하려 강사로 뛰고 있습니다.
저는 선생님이 가신 후로 게으름만 늘었습니다.
선생님이 눈앞에 안 계시니,
건방져 가고 자만에 빠져 시간만 보내고 있습니다.
어느새 1년을 보냈으니까요.
그러나 선생님!
선생님을 잊은 적은 없습니다.
제 스스로 다짐을 둘 때
제 학생들을 가르칠 때
글을 쓸 때
책을 읽을 때
선생님을 생각했습니다.
더구나 제 스스로 해결할 수 없는 문제에 부딪혔을 때
선생님을 간절히 생각했습니다.
선생님의 꿈을 꿀 때도 있었습니다.
자주 날 찾아와요,
모르는 것은 내가 살았을 때 물어요,
나 살았을 때 논문을 쓰고 저서를 하면
다듬어 주고 고쳐 줄 테니까.
그 말씀이 실감나게 들렸지만
설마하니 금방 돌아가시랴 싶어

게을리 미루고 미루다가
오늘에사 그 말씀의 참뜻을 되새기고
안타까워합니다.
얼굴에 똥칠을 하고 다녀도
누구 하나 충고하거나 닦아주지 않고
웃기만 하는 세상인데
선생님은 우리의 영원한 거울로
거울로 살아계셨습니다.
내 논문의 진가는 내가 죽은 뒤에 평가되리라.
그 말씀대로 지금부터 선생님의 학문적 업적은
점차 빛을 보게 되었습니다.
저희가 선생님의 뜻대로 연구하고 학생들을 가르치고
다시 논문을 쓰고
씨앗을 뿌리고
다른 학자들도 올바로 호응하고
그러나 저희는
저는 선생님을 크게 떠들지는 않겠습니다.
먼저 선생님을 거울삼아
마음속에 모시고
항상 배우고
다짐하고 갈고 닦고
선생님의 논저를 간행하고
기호학과 충대학파의 할아버지로 모시겠습니다.
육신을 버리셨기에 하늘에 계신
탈상을 하셨기에
저희에게만
저의 마음에 더욱 뚜렷하신

선생님이시여.
항상 저와 함께하시어
저를 사람답게 학자답게
교수답게 사표가 되게
일깨우고 보우하소서.
(2006년 이전)

지금도 빛나는 별자리에서
- 낭청 박재규 선생 기념비 제막식에서 -

학이 하늘에서 날아드는
꿈으로 하여 태어난 그분
그때 찬란한 별자리에 있다가
이 땅에 내려오셨네.
학의 꿈을 안고
별자리를 등에 지고
계룡의 정기 어린
괴화산을 오르내리며
백제 천년을 흐르는
금강 물에 목욕하며
산봉우리로 우뚝 솟은
옥골선풍의 지도자
모두 높이 받들어
아무개를 보아라.
그분을 따르자.
이 고장의 어린이들
가는 곳마다 젊은이들이
우러러 따르는
그분은 진정
학이요 별이었네.
금강의 맑은 물 굽이굽이
흘러 돌아서 서해에 이르듯이
그분은 언제나 금강을 끼고 돌며

낭청으로 살아오셨나니
참으로 큰 스승으로
큰 인물들을 길러내셨나니
그분은 충청의 배움터를 다스리며
맑게 나는 단정학이었네.
성인의 가르침을 이끌며
밝게 빛나는 푸른 별이었네.
그분은 절대자의 뜻으로
모든 걸 버리고
늘 고향과 조국을 향하던
가문을 빛내는 정성으로
늙어도 늙지 않은 채
배우고 또 배우는 궁행으로
언제나 해맑은 미소로
어린 제자를 만나면
머리를 쓰다듬고
젊은 제자를 만나면
어깨를 두들기고
어른 제자를 만나면
등을 어루만지고
늙은 제자를 만나면
악수를 하면서
그 이름을 불러
또렷또렷이 키우고 이끄셨나니
이제 그 아래에 벌어져 있는 유능한 교육자는 얼마며
덕 있는 학자들은 얼마며
힘 있는 장성들은 얼마며

보람찬 일꾼들은 그 얼마인가.
어느 날 전능하신 분의 부름으로
높은 산의 학으로
날아오르신 그분
저 하늘의 그 별자리로 돌아가
영원히 살아계신 그분은
산이 울고
바다가 일렁이는
추앙 위에서
금강 물 유유히 흘러
바다에 이르는 평안함으로
지금도 빛나는 별자리에서
환한 웃음을 띠고
우리를 밝게 지켜보시네.
(2006년 이전)

이남덕 선생을 기리며

서울대학의 천재로 화제를 일으키다
광복 후 유일한 여류 학자로 군림하고
이화여대에서 후학을 양성하며
누구도 범치 못할 권위로써
한국어의 어원을 연구한 독보적 학자
한국학과 한국어학의 발전에
크게 이바지한 선구적 여성 영웅
그 업적과 공덕은 천지가 다 알아서
나라에서는 최고의 훈장을 내리니
가정의 행복을 원만히 차리고
여생의 영광을 넉넉히 즐길 즈음
모든 것을 다 떨치고
흔연히 계룡산 암자에 들어
두메산골 초암에서 앉은뱅이의 기원을 마치고
이제는 여든 살이 넘은 연꽃 한 송이로 피어나
그대로 열반을 누리다.
마침내 우리 앞에 나투신 자비 보살님
아, 인간과 학문과 불도를 두루 깨치신
삼통 보살님
(2006년 이전)

줄기차게 달려오신 그 걸음으로

예순 해 전 유난히도 빛나던
말의 해
백제의 옛 땅
산천의 정기 어린 한밭벌에서
신화의 주인공처럼
새벽을 열고 태어나
지금껏 줄기차게
달려오신 그분.
차라리 성충과 계백을 이어받은
문무겸전의 장군처럼
늠름한 모습과
새벽별을 삼킨 듯이
맑고 큰 뜻은
해일처럼 밀어닥친
혼돈기의 수난과 불의를
쓸어버린 거인이었네.
암울하던 그 시절 요람의 골짜기를
박차고 뛰쳐나와
넓디넓은 광야와 초원을
유유히 주름잡는 백마처럼
그 눈빛은
창공을 응시하고
그 굳센 다리는

만리를 달리는
차분한 영웅이거니.
태평양을 넘보는
넓은 마음으로
지축을 흔드는
불굴의 힘으로
이 나라의 체육을 짊어지고
더 빠르게 가장 빠르게
더 바르게 가장 바르게
달려온 승리자로다.
크게 배운 만큼
크게 가르치기 위하여
뼈를 깎듯이 연마한 만큼
절실히 전수하기 위하여
무거운 위엄으로
자애로운 학덕으로
모든 것을 주야로
바쳐온 사표이니
어느 날엔가
대덕의 언덕
백마의 터전에
혜성처럼 나타나
연구하고 정진하고
그만큼 씨 뿌리고 길러서
후진들은 저만큼 자라 따르고
알찬 열매를 맺어 가나니.
아, 그분은

무성한 과수원의 한가운데
우뚝 솟은 거목이어라.
오늘 다시 맞는
찬란한 말의 해
영원히 늙지 않을 젊음으로
우리 앞에 다가선
그분의 영광
백마의 기상으로 줄기차게 달려오신
그 걸음으로
이제 다시 출발하는
그분의 첫 발자국을
두 손 모아
우러러보다.
(2006년 이전)

우리의 자랑 금남초등
- 금남초등 개교 80주년 기념 축시 -

계룡의 정기를 타고 금강을 둘러 띠어
비학산 아래 우뚝이 솟은 배움의 전당
80년의 파란만장한 역사 위에서
수많은 일꾼을 길러내어
그 빛나는 전통을 지켜왔나니.
당신은 풍요로운 들판에 내려앉아서
장강을 건너 대양을 날려는
웅대한 천년학이어라.
왜정에 세워진 배움터
마침내 광복으로 되찾은 배움의 전당
이름은 몇 번이나 변하였지만
이 고장 초등 교육의 주역이 되어
한 세기가 바뀌는 오늘날까지
오직 후진 양성에 몸 바쳐 왔나니.
당신은 이 고장의 교육사를 짊어진
문화사의 산증인이어라.
여기를 다녀간 스승들은 몇몇이며
여기서 배워나간 일꾼들은 그 얼마이던가.
그 많은 인재가 온 나라에서
각계각층의 제자리에서
맡은 일을 모두 성취하여
나라의 기둥이 되어 왔나니.
당신은 우리의 요람이요, 등대요

찬연한 금자탑이어라.
이제 우리는 배움의 형제로서
한 마음으로 작은 정성을 모아서
다시 고향을 찾아드는 길목에서
어머니 품안을 찾아드는 마음에서
그 전통과 공덕을 길이 찬탄하노니
당신은 불러도 불러도 아름답고
고마운 우리의 자랑 금남초등
아, 당신은 새천년을 향하여
번영의 날갯짓으로
구만리 장천을 비상하는
끊임없이 가르침을 노래하는
불사조의 영광이어라.
(2006년 이전)

새천년 첫날에

새천년 첫날에
나는 지난 천년의 감기를 앓고 있다.
무엇에 겨워 앓는 것이냐.
무엇이 아쉬워 앓는 것이냐.
무엇을 잘 했다고 상을 받는 것이냐.
무엇을 못 하였다고 벌을 받는 것이냐.
긴 세월
어려운 관문을 통하여
새로 거듭나는
몸살!
그것은 진정 새로 태어나는
아픔이어라.
지난 세월
남겨 놓은 것이 많으면
새로 떠나기는
더욱 아픈 법
그 바탕이 무거우면
새로 나르기는
더욱 힘든 법
그 추진력이 세면 셀수록
그 반작용은 더욱 거센 법
이 모두가 정말 어렵다.
그 어려운 탄생!

나의 비극이요
나의 영광이어라.
이 새로운 세기에
나의 모든 것을 떨치고
임을 따라서
그곳으로 가는 것이
무거운 짐 벗어버리고
새로운 일 하려는 것이
그래서 몸과 마음을
다 바치려는 것이
쿨룩쿨룩 쿨룩
저 폐부의 밑바닥에서
치받쳐 오르는
기침 소리!
아, 그것은
새천년
새로운 세기를 향한
불굴의
함성이어라.
(2006년 이전)

인문학은 행복학이다
사재동 지음

발 행 일 | 2025년 10월 18일
지 은 이 | 사재동
발 행 인 | 李憲錫
발 행 처 | 오늘의문학사
출판등록 | 제55호(1993년 6월 23일)
주   소 | 대전광역시 동구 대전로 867번길 52(한밭오피스텔 401호)
전화번호 | (042)624-2980
팩시밀리 | (042)628-2983
전자우편 | hs2980@hanmail.net
카   페 | cafe.daum.net/gljang(문학사랑 글짱들)
인터넷신문 | www.k-artnews.kr(한국예술뉴스)
계좌번호 | 농협 405-02-100848(이헌석 오늘의문학사)

공 급 처 | 한국출판협동조합
주문전화 | (02)716-5616
팩시밀리 | (02)716-2999

ISBN 979-11-6493-405-8
값 15,000원

ⓒ 사재동 2025

* 이 책의 판권은 저작권자와 오늘의문학사에 있습니다.
* 이 책은 E-Book(전자책)으로 제작되어 ㈜교보문고에서 판매합니다.
* 잘못 제작된 책은 구입하신 서점에서 바꾸어 드립니다.